普通高等教育规划教材

工程力学练习册

王斌耀　顾惠琳　编

机械工业出版社

本练习册是配合"普通高等教育'十一五'国家级规划教材"《工程力学·教程篇》和《工程力学·导学篇》的教学而编写的学生平时作业练习题，适用于高等院校工科相关专业。本练习册内容包括刚体静力学、运动学、动力学、变形体静力学和变形体动力学，使用时可根据各专业的特点、教学时数、教学要求的不同，对习题作相应的取舍。

本练习册一般教学时间为一学年（两个学期），为了适应规范化考试的要求，在每学期教学内容结束时，本练习册提供两套模拟练习试卷供教师和学生参考。

本练习册也可作为高等职业技术学院、函授大学等学校学生的练习作业，也可供其他大专院校本科生及专科生参考。

图书在版编目（CIP）数据

工程力学练习册/王斌耀，顾惠琳编. —北京：机械工业出版社，2007.9（2023.1重印）
普通高等教育规划教材
ISBN 978-7-111-22281-1

Ⅰ.工… Ⅱ.①王…②顾… Ⅲ.工程力学—高等学校—习题 Ⅳ.TB12-44

中国版本图书馆 CIP 数据核字（2007）第 138099 号

机械工业出版社（北京市百万庄大街22号 邮政编码100037）
责任编辑：李永联 版式设计：张世琴 责任校对：陈立辉
封面设计：姚 毅 责任印制：邵 敏
中煤（北京）印务有限公司印刷
2023年1月第1版第9次印刷
184mm×260mm · 7.75 印张 · 195 千字
标准书号：ISBN 978-7-111-22281-1
定价：17.00 元

电话服务 网络服务
客服电话：010-88361066 机 工 官 网：www.cmpbook.com
　　　　　010-88379833 机 工 官 博：weibo.com/cmp1952
　　　　　010-68326294 金 书 网：www.golden-book.com
封底无防伪标均为盗版 机工教育服务网：www.cmpedu.com

前　言

　　本练习册是配合普通高等教育"十一五"国家级规划教材《工程力学·教程篇》和《工程力学·导学篇》的教学而编写的学生平时作业练习题，适用于高等院校工科相关专业。本练习册内容包括刚体静力学、运动学、动力学、变形体静力学和变形体动力学，使用时可根据各专业的特点、教学时数、教学要求的不同，对练习题作相应的取舍。

　　本练习册由同济大学教师王斌耀和顾惠琳编写，王斌耀负责编写刚体静力学、运动学、动力学，顾惠琳负责编写变形体静力学和变形体动力学。全书由王斌耀统稿。

　　本练习册一般教学时间为一学年（两个学期），为了适应规范化考试的要求，在每学期教学内容结束时，本练习册提供两套模拟练习试卷供教师和学生参考。

　　本练习册同样可作为高等职业技术学院、函授大学等学校学生的练习作业，也可供其他大专院校本科生及专科生参考。

作者
2007 年 4 月
于同济园

目 录

前言

一、工程力学（一）作业 …………………… 1
  1. 力的基本计算作业 ………………… 1
  2. 受力分析作业 ……………………… 2
  3. 空间力系简化作业 ………………… 4
  4. 平面力系简化作业 ………………… 5
  5. 重心与形心作业 …………………… 6
  6. 汇交力系平衡作业 ………………… 7
  7. 力偶系的平衡作业 ………………… 8
  8. 任意力系平衡作业 ………………… 9
  9. 平面物体系统平衡作业（1） …… 11
  10. 平面物体系统平衡作业（2） …… 13
  11. 平面桁架杆件受力作业 ………… 15
  12. 滑动摩擦作业（1） ……………… 17
  13. 滑动摩擦作业（2） ……………… 19
  14. 静坐标系质点运动作业 ………… 21
  15. 刚体基本运动作业 ……………… 23
  16. 刚体平面运动作业（1） ………… 25
  17. 刚体平面运动作业（2） ………… 27
  18. 点的合成运动作业（1） ………… 29
  19. 点的合成运动作业（2） ………… 31
  20. 质点动力学作业 ………………… 33
  21. 动量定理作业 …………………… 34
  22. 转动惯量作业 …………………… 36
  23. 动量矩定理作业（1） …………… 37
  24. 动量矩定理作业（2） …………… 39
  25. 动能定理作业（1） ……………… 41
  26. 动能定理作业（2） ……………… 43
  27. 动能定理作业（3） ……………… 45
  28. 达朗贝尔原理作业（1） ………… 47
  29. 达朗贝尔原理作业（2） ………… 49
  30. 虚位移原理作业（1） …………… 51
  31. 虚位移原理作业（2） …………… 53
  32. 工程力学（一）期末综合练习试卷 A …… 55
  33. 工程力学（一）期末综合练习试卷 B …… 58

二、工程力学（二）作业 …………………… 61
  34. 轴向拉伸和压缩作业（1） ……… 61
  35. 轴向拉伸和压缩作业（2） ……… 63
  36. 轴向拉伸和压缩作业（3） ……… 65
  37. 剪切作业 ………………………… 67
  38. 扭转作业（1） …………………… 69
  39. 扭转作业（2） …………………… 71
  40. 弯曲内力作业（1） ……………… 73
  41. 弯曲内力作业（2） ……………… 75
  42. 弯曲内力作业（3） ……………… 77
  43. 弯曲应力作业（1） ……………… 80
  44. 弯曲应力作业（2） ……………… 82
  45. 弯曲应力作业（3） ……………… 84
  46. 弯曲变形作业（1） ……………… 86
  47. 弯曲变形作业（2） ……………… 88
  48. 弯曲变形作业（3） ……………… 90
  49. 平面应力状态分析作业（1） …… 92
  50. 平面应力状态分析作业（2） …… 94
  51. 组合变形作业（1） ……………… 96
  52. 组合变形作业（2） ……………… 98
  53. 组合变形、压杆稳定作业 ……… 100
  54. 压杆稳定作业（1） ……………… 102
  55. 压杆稳定作业（2） ……………… 104
  56. 动载荷作业（1） ………………… 106
  57. 动载荷作业（2） ………………… 108
  58. 截面图形几何性质作业 ………… 110
  59. 工程力学（二）期末综合练习试卷 A … 112
  60. 工程力学（二）期末综合练习试卷 B … 115

一、工程力学（一）作业

1. 力的基本计算作业

1. 一力作用于长方体棱角 D，如图 1-1 所示。已知：$F=100\text{N}$，$\varphi=\arctan\left(\dfrac{3}{4}\right)$，$\theta=\arctan\left(\dfrac{4}{3}\right)$，$l_1=15\text{cm}$，$l_2=16\text{cm}$，$l_3=12\text{cm}$。试将力 F 用矢量表示，并计算其在长方体对角线 AB 上的投影。

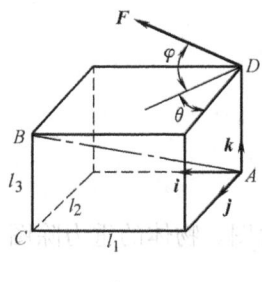

图 1-1

2. 如图 1-2 所示，正立方体的边长 $l=0.5\text{m}$，力的大小 $F=100\text{N}$，试求力 F 对点 O 力矩的大小。

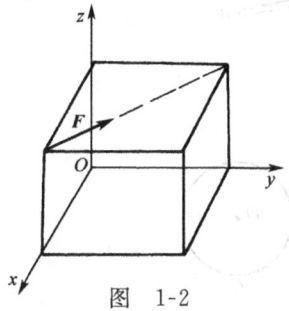

图 1-2

3. 力 F 作用于长方体的一棱边上，已知长方体边长为 l_1、l_2、l_3（见图 1-3），试求力 F 对 OA 轴的矩。

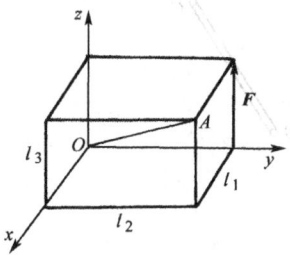

图 1-3

2. 受力分析作业

1. 试分别画出图 2-1 中指定物体的受力图。物体的重力除图上注明外，均略去不计，所有接触处均假定为光滑。

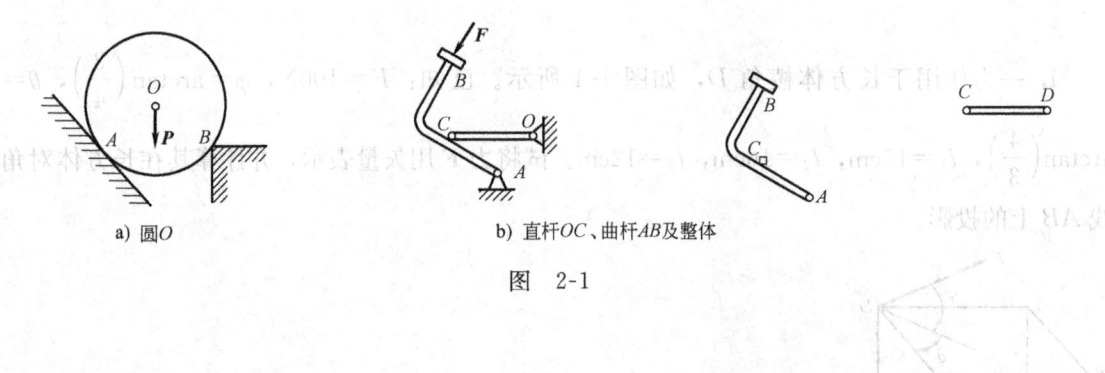

a) 圆 O
b) 直杆 OC、曲杆 AB 及整体

图 2-1

2. 试分别画出图 2-2 所示的各物体系统中每个物体以及整体的受力图。物体的重力除图上注明外，均略去不计，所有接触均假定为光滑。

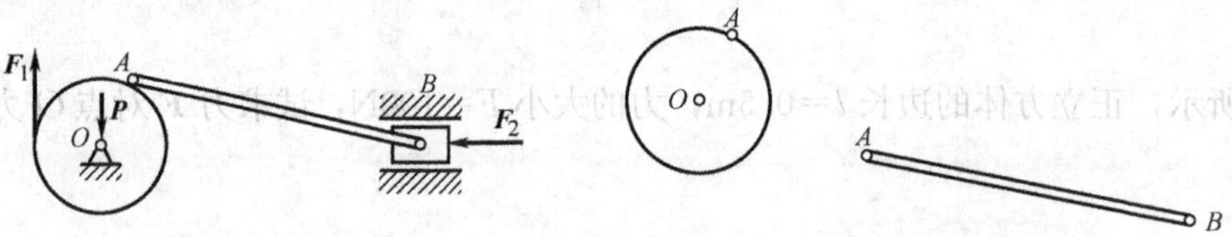

a)

b)

c)

图 2-2

3. 试分别画出图 2-3、图 2-4 和图 2-5 所示的各物体系统中每个物体以及整体的受力图。物体的重力除图上注明外，均略去不计，所有接触处均为光滑。

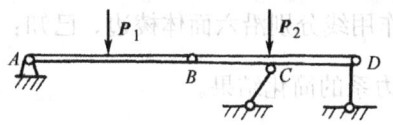

图 2-3

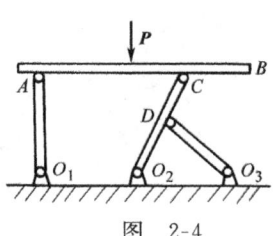

图 2-4

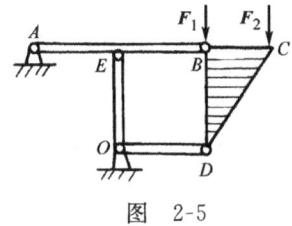

图 2-5

3. 空间力系简化作业

1. 图 3-1 所示的力系由 F_1、F_2、F_3、F_4 和 F_5 组成，其作用线分别沿六面体棱边。已知：$F_1=F_3=F_4=F_5=5\text{kN}$，$F_2=10\text{kN}$，$\overline{OA}=\dfrac{\overline{OC}}{2}=1.2\text{m}$。试求力系的简化结果。

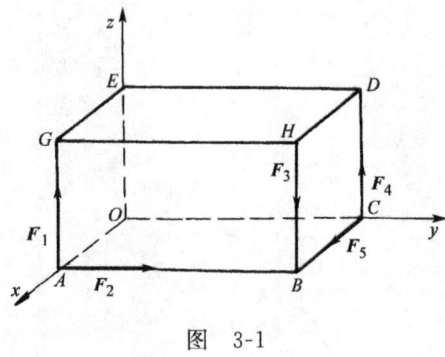

图 3-1

2. 一空间力系如图 3-2 所示。已知：$F_1=F_2=100\text{N}$，$M=20\text{N}\cdot\text{m}$，$b=300\text{mm}$，$l=h=400\text{mm}$。试求力系的简化结果。

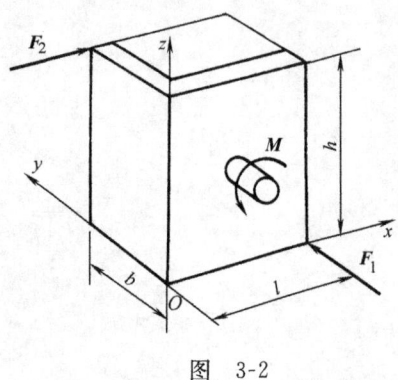

图 3-2

4. 平面力系简化作业

1. 重力坝受力如图 4-1 所示。已知：坝体自重分别为 $P_1=9600\text{kN}$，$P_2=21600\text{kN}$，水压力 $F=10120\text{kN}$，$b=4\text{m}$，$h=5\text{m}$。试求此力系的合力。

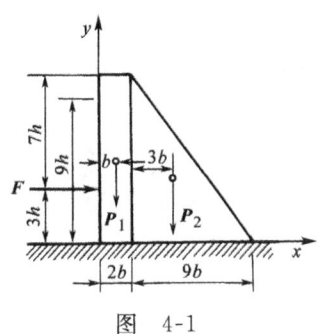

图 4-1

2. 图 4-2 与图 4-3 所示的平面力系。已知：图 4-2 中的线均布载荷 $q=1000\text{N/m}$，圆的半径 $R=5\text{cm}$，图 4-3 中五个力均为 $F=20\text{N}$，各边长均为 $d=40\text{cm}$，试求图示力系向各自中心点 B 简化的结果。如向另一点 A 简化，结果又如何？

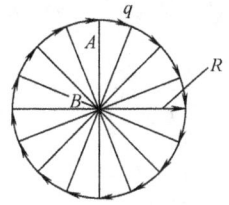

图 4-2

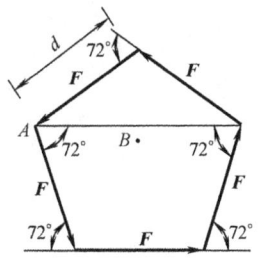

图 4-3

5. 重心与形心作业

1. 如图 5-1 所示，在半径为 R 的圆面积内挖去一半径为 r 的圆孔。试求剩余面积的重心。

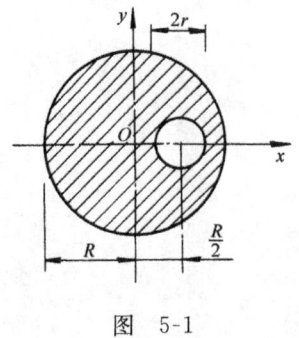

图 5-1

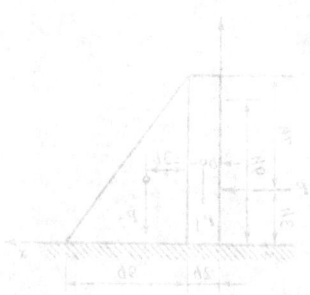

2. 如图 5-2 所示，已知正方形 $OADB$ 的边长为 l，试在其中求出一点 E，使此正方形在被截去等腰三角形 OEB 后，E 点即为剩余面积的重心。

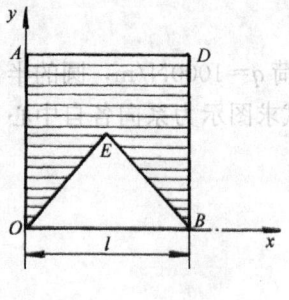

图 5-2

3. 匀质曲杆形状和尺寸如图 5-3 所示，已知 $l=100$mm，试求曲杆的形心位置。

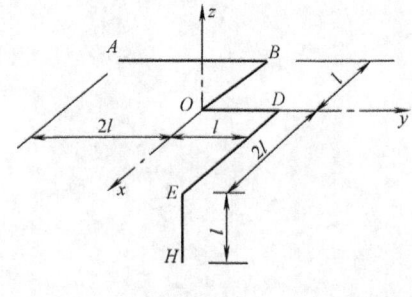

图 5-3

6. 汇交力系平衡作业

1. 挂物架如图 6-1 所示。已知 $P=10\text{kN}$，$\varphi=45°$，$\theta=15°$。试求三杆受的力。

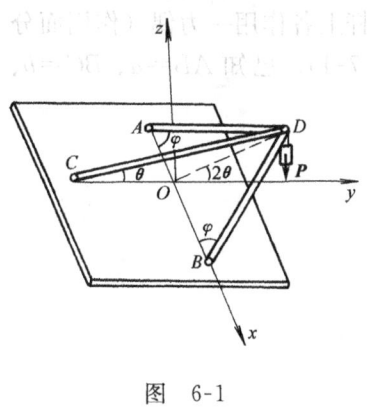

图 6-1

2. 压路机的碾子重 $P=20\text{kN}$，半径 $r=40\text{cm}$。如用一通过其中心的水平力 F 将此碾子拉过高 $h=8\text{cm}$ 的石阶，如图 6-2 所示。试求此 F 力的大小。如果要使作用的力为最小，试问应沿哪个方向拉？并求此最小力的值。

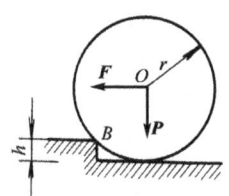

图 6-2

3. 在图 6-3 所示的系统中，已知：$P_1=40\text{kN}$，$P_2=50\text{kN}$，$P=20\text{kN}$。不计各处摩擦，试求系统平衡时 A 轮对地面的压力及角 θ。

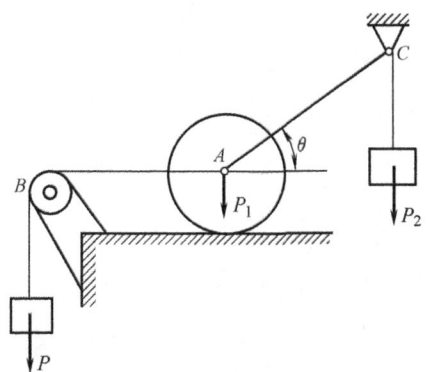

图 6-3

7. 力偶系的平衡作业

1. 曲杆 $ABCD$，$AB \perp BC$，且 AB、BC 同在一水平面内，$BC \perp CD$，且 BC、CD 在同一垂直面内，D 端为球形铰，A 端为轴承支座，在 AB、BC、CD 杆上各作用一力偶（作用面分别垂直于各杆），其力偶矩的大小分别为 M_1、M_2、M_3（见图 7-1）。已知 $AB=a$、$BC=b$、$CD=c$，曲杆自重不计。试求：
   (1) 曲杆平衡时力偶矩的大小 M_1；
   (2) 支座 A、D 处的约束力。

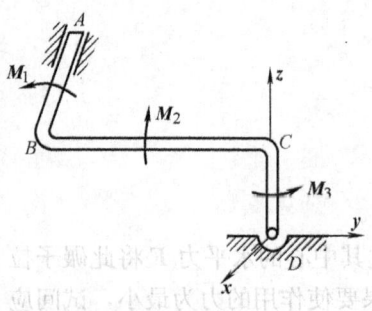

图 7-1

2. 杆 AB 与杆 DC 在以 C 处为光滑接触，如图 7-2 所示，两杆分别受力偶矩 M_1 与 M_2 作用。试问 M_1 与 M_2 的比值为多大，才能在 $\varphi = 60°$ 位置平衡？

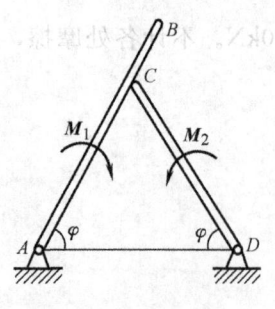

图 7-2

8. 任意力系平衡作业

1. 如图 8-1 所示，匀质薄板折成正方形 ABB_1A_1 与三角形 BCB_1，其总重为 18kN。已知 $L=3$m，$\theta=30°$。杆 $CC_1 /\!/ AA_1$，杆 CE 沿 BC 直线。试求：

(1) 球铰链 A 及支座 C 的约束力；
(2) 绳索 DB 的张力。

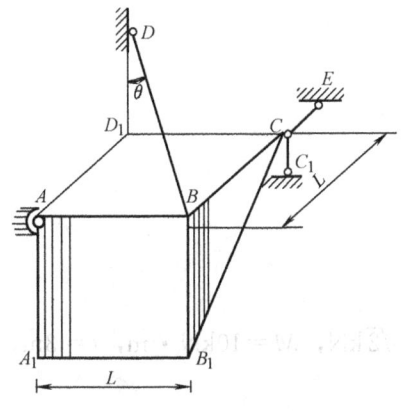

图 8-1

2. 在图 8-2 所示的系统中，圆盘平面与轴垂直。已知 $F_1=F=P$，$\theta=30°$，$R=a$。试求 A、B 轴承处的约束力。

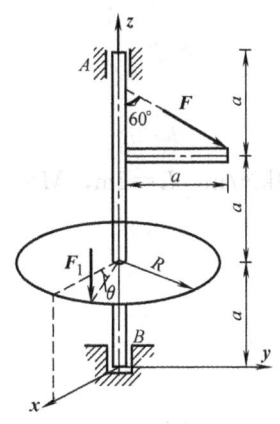

图 8-2

3. 梁的支承和载荷如图 8-3 所示。已知：力 F、力偶矩 M 和强度为 q 的均布载荷以及尺寸 l，试求支座 A 和 B 处的约束力。

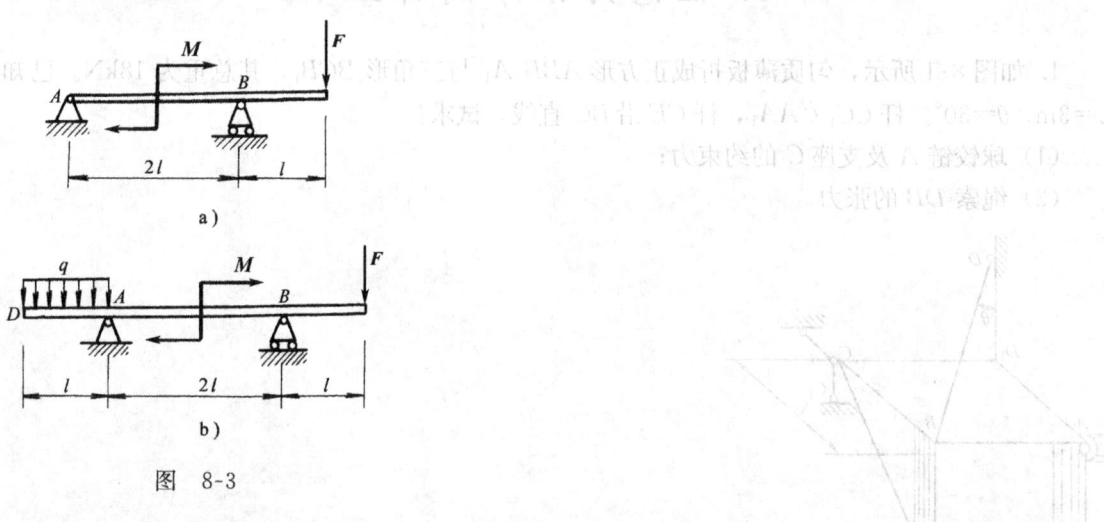

图 8-3

4. 在图 8-4 所示的刚架中，已知：$q_A=3\text{kN/m}$，$F=6\sqrt{2}\text{kN}$，$M=10\text{kN}\cdot\text{m}$，$l=3\text{m}$，$h=4\text{m}$，$\varphi=45°$，试求支座 A 处的约束力。

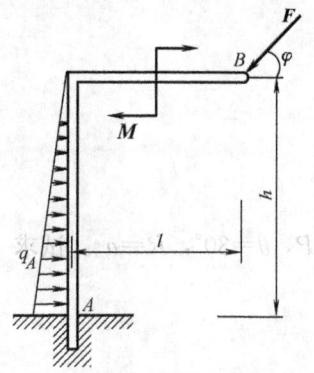

图 8-4

5. 如图 8-5 所示的简支梁，自重不计。已知：$q_B=2\text{kN/m}$，$q_C=4\text{kN/m}$，$L=2\text{m}$，$M=60\text{kN}\cdot\text{m}$，$\theta=30°$。试求 A、B 支座的约束力。

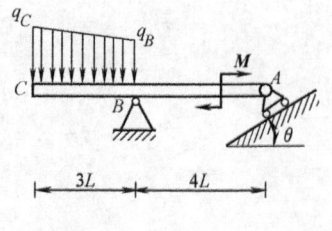

图 8-5

9. 平面物体系统平衡作业（1）

1. 两根自重均为 P 的相同匀质杆连接（见图 9-1）。如在 C 点作用一大小为 $F=\dfrac{\sqrt{3}}{2}P$ 水平力，系统处于平衡，试求角 φ 与 θ。

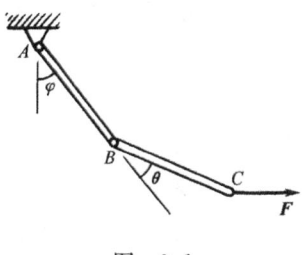

图 9-1

2. 如图 9-2 所示，起重机在多跨梁上。已知：$P_1=50\text{kN}$，$P_2=10\text{kN}$。其重心位于铅垂线 EC 上，$b=1\text{m}$，$l=2\text{m}$。试求支座 A、B 和 D 处的约束力。

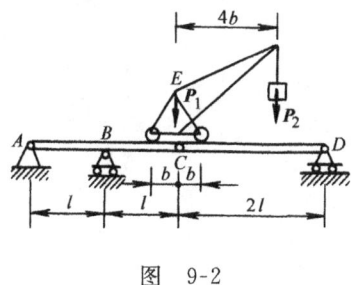

图 9-2

3. 如图 9-3 所示，铅垂杆 AB 的 A 端深插入地面，杆 CD 的滑槽套在杆 AB 的光滑销钉上，已知：绳索 HB 段水平，$P=1000\text{N}$，$L=1\text{m}$，不计滑轮和各杆的重量，亦不计滑轮的尺寸，试求铰支座 C 和固定端 A 的约束力。

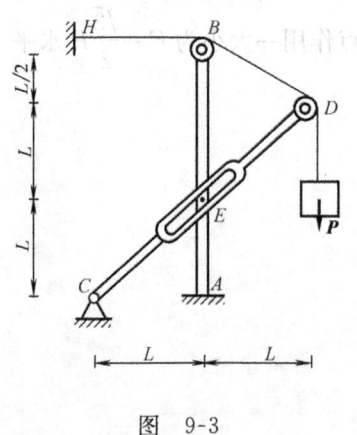

图 9-3

4. 如图 9-4 所示，三根等长匀质杆 AB、BC、CD 及细绳 EF 构成的框架，在垂直平面内处于平衡，杆重均为 P，若不计绳重，E、H 分别为杆 AB、BC 的中点。试求细绳的张力及铰支座 A、D 的约束力。

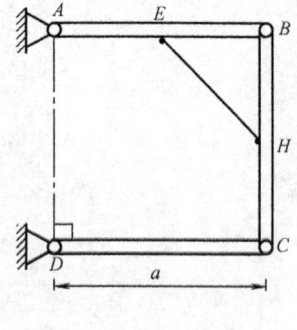

图 9-4

10. 平面物体系统平衡作业（2）

1. 构架如图 10-1 所示，已知：$q=10\text{kN/m}$，$b=0.4\text{m}$，$h=1.5\text{m}$。试求支座 A 的力及 1、2、3 各杆的力。

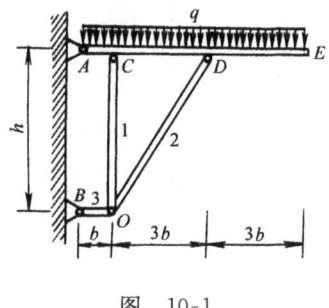

图 10-1

2. 曲柄连杆活塞机构在图 10-2 所示 l 位置时，活塞上受力 $F=400\text{N}$，$l=10cm$，试问在曲柄上应加多大的力偶矩 M 才能使机构平衡。

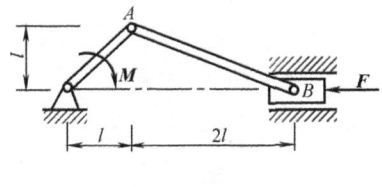

图 10-2

3. 在图 10-3 所示的构架中，$AC=BC=l$，集中力 F 作用于 BC 的中点且与 BC 垂直，$\varphi=30°$。试求支座 A、B 处的约束力。

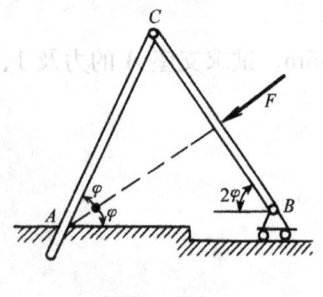

图 10-3

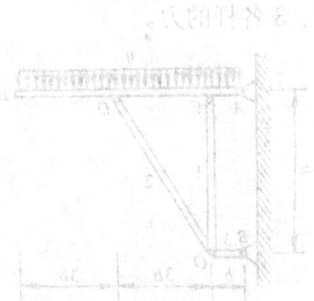

4. 系统由直杆 AD、BO、DO 及滑轮组成，在 B、D、O 处铰接并支承，如图 10-4 所示，已知物重 $P=1200\mathrm{N}$，$L=10\mathrm{cm}$，各杆及轮重略去不计。试求活动铰链支座 C 及铰链 B 的约束力。

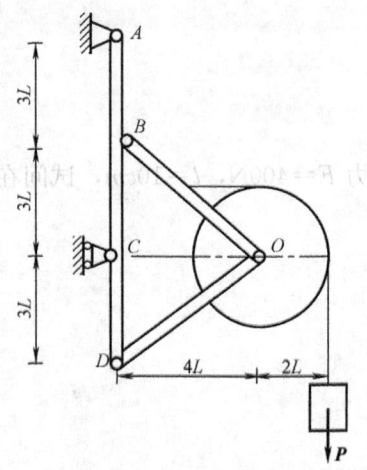

图 10-4

11. 平面桁架杆件受力作业

1. 桁架如图 11-1 所示。已知：$F=3\mathrm{kN}$，$l=3\mathrm{m}$。试用节点法计算各杆的力。

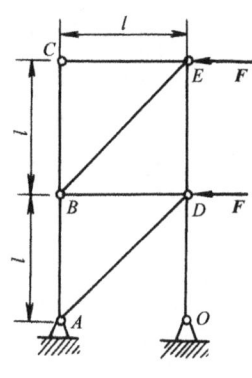

图 11-1

2. 桁架如图 11-2 所示。已知 $a=2\mathrm{m}$，$b=3\mathrm{m}$，$\boldsymbol{F}_C$、$\boldsymbol{F}_D$ 的大小皆为 $10\mathrm{kN}$。试求杆 1、2 的内力。

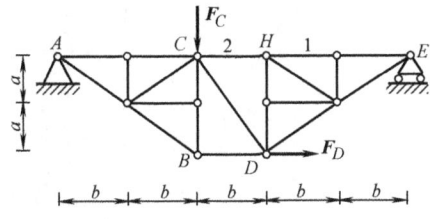

图 11-2

3. 平面桁架，受三力作用，力大小皆为 F，尺寸如图 11-3 所示。试求杆 1、2 的内力。

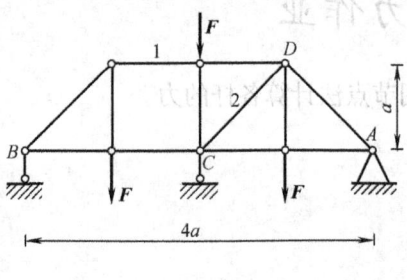

图 11-3

4. 桁架如图 11-4 所示。已知力 F，尺寸 l。试求杆件 BC、DE 的力。

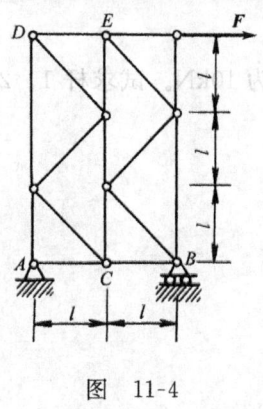

图 11-4

12. 滑动摩擦作业（1）

1. 在如图所示物块中，已知斜面的倾角为 θ，接触面间的摩擦角为 φ_m。试问：
   (1) 拉力 F 与水平面间的夹角 β 等于多大时拉动物块最省力；
   (2) 此时所需拉力 F 的大小为多少？

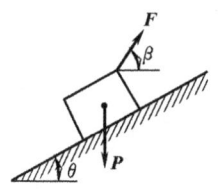

图 12-1

2. 图示匀质杆的 A 端放在粗糙的水平面上，杆的 B 端则用绳子拉住，设杆与地板的摩擦角为 φ_m，杆与水平面交角为 $45°$。问当绳子对水平线的倾角 θ 等于多大时，杆开始向右滑动。

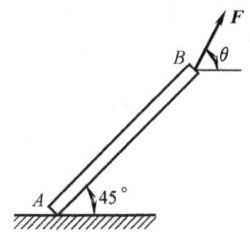

图 12-2

3. 楔块顶重装置如图 12-3 所示。已知重块 B 重为 Q，与楔块之间的静摩擦因数为 f_s，楔块顶角为 θ。试求：（1）顶住重块所需力 F 的大小；（2）使重块不向上滑所需力 F 的大小；（3）不加力 F 能处于自锁的角 θ 的值。

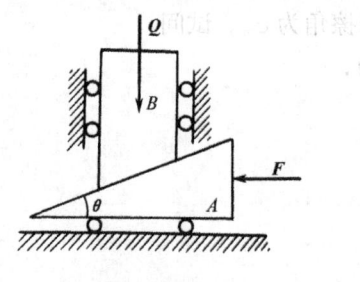

图 12-3

4. 一匀质长方块重力为 P，尺寸如图 12-4 所示，置于粗糙的水平面上，接触面的摩擦因数为 f_s，今在长方块上高度为 h 处作用一水平力 F，且力 F 足够大，能使长方块向前滑动。问为使长方块移动运动而不致翻倒，h 的取值范围为多少？当 h 不满足所得条件时，说明长方块作怎样的运动。

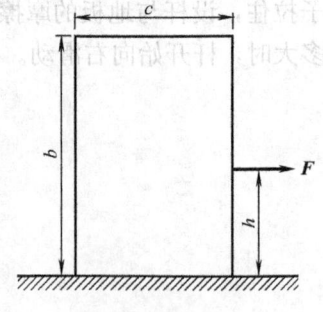

图 12-4

13. 滑动摩擦作业（2）

1. 半径为 r、重量为 Q 的匀质圆盘如图 13-1 所示，其与固定面间的静摩擦因数均为 f_s。试求保持圆盘静止不动的最大力偶矩的大小 M_{max}。

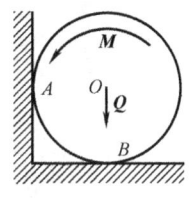

图 13-1

2. 一制动系统如图 13-2 所示。已知：$l=6cm$，$r=10cm$，静滑动摩擦因数 $f_s=0.4$，在鼓轮上作用有一力偶矩 $M=500N \cdot cm$ 的力偶。试求鼓轮未转时，B 处液压缸施加的最小力：(1) 施加的力偶为顺时针转向；(2) 施加的力偶为逆时针转向。

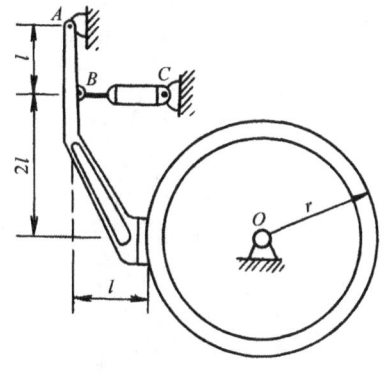

图 13-2

3. 汽车重 $P=15\text{kN}$，车轮直径 $d=600\text{mm}$，轮与质心间距离 $l=1200\text{mm}$（见图 13-3）。试求发动机应给予后轮多大的力偶矩，方能使前轮越过高 $h=80\text{mm}$ 的障碍物；并求此后轮与地面的静摩擦因数 f_s 应为多大才不致打滑。

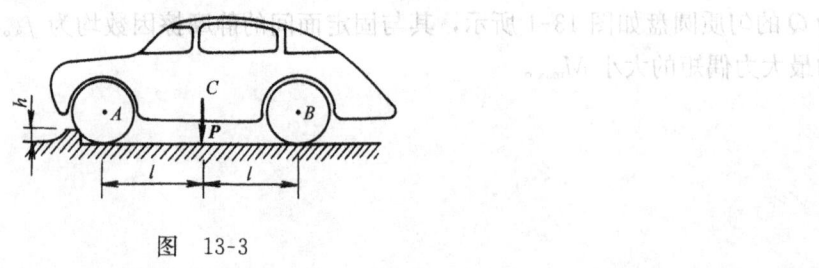

图 13-3

4. 机构如图 13-4 所示。已知在 AD 杆上作用有一力偶矩 $M_A=40\text{N}\cdot\text{m}$ 的力偶，滑块和 AD 杆间的摩擦因数 $f_s=0.3$。试求系统在 $\theta=30°$ 位置保持平衡时的力偶矩 M_C。

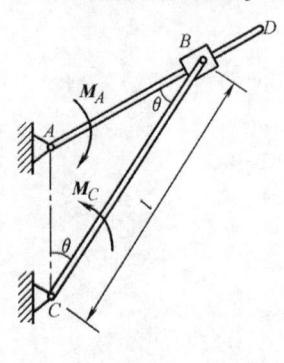

图 13-4

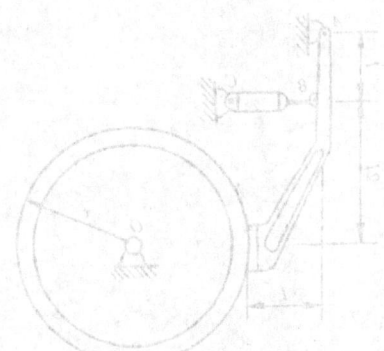

14. 静坐标系质点运动作业

1. 如图 14-1 所示，从水面上方高 $h=20$m 的岸上一点 D，用长 $l=40$m 的绳系住一船 B。今在 D 处以匀速 $v=3$m/s 牵拉绳，使船靠岸，试求 $t=5$s 时，船的速率 v_B。

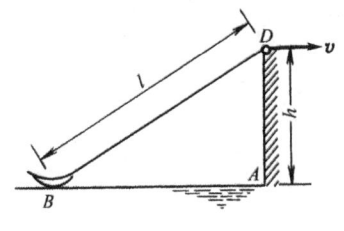

图 14-1

2. 在图 14-2 所示的曲柄连杆机构中，$OA=AB=l$，试证连杆 AB 上任一点 M 的轨迹是一个椭圆。若 $l=60$cm，$AM=40$cm，$\varphi=4t$（t 以 s 计），试求 $\varphi=0$ 时点 M 的加速度。

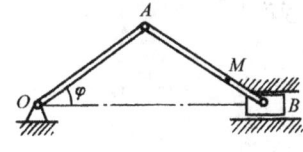

图 14-2

3. 动点沿半径 $R=1$m 的圆周按 $v=20-ct$ 的规律运动（图 14-3），式中 v 以 m/s 计，t 以 s 计，c 为常数。若动点经过 A、B 两点时的速度分别为 $v_A=10$m/s、$v_B=5$m/s。试求动点从 A 到 B 所需要的时间和在点 B 时的加速度。

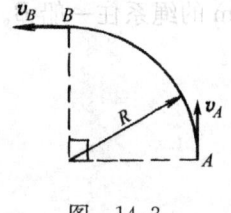

图 14-3

4. 已知点在平面中的运动方程为：$x=x(t)$，$y=y(t)$，试证其切向和法向加速度为：$a_t=\dfrac{\dot{x}\ddot{x}+\dot{y}\ddot{y}}{\sqrt{\dot{x}^2+\dot{y}^2}}$，$a_n=\dfrac{|\dot{x}\ddot{y}-\dot{y}\ddot{x}|}{\sqrt{\dot{x}^2+\dot{y}^2}}$；而轨迹的曲率半径为：$\rho=\dfrac{(\dot{x}^2+\dot{y}^2)^{3/2}}{|\dot{x}\ddot{y}-\dot{y}\ddot{x}|}$。

15. 刚体基本运动作业

1. 在如图 15-1 所示的机构中，已知：$O_1A = O_2B = AM = r = 0.2$m，$O_1O_2 = AB$。轮按 $\varphi = 15\pi t$（φ 以 rad 计）的规律转动，试求 $t = 0.5$s 时，AB 杆上 M 点的速度和加速度（并在图上画上速度与加速度）。

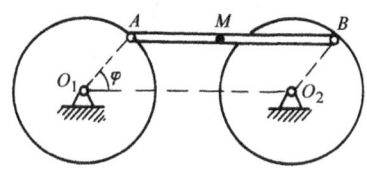

图 15-1

2. 飞轮绕轴 O 转动如图 15-2 所示。已知：飞轮的初转角 $\varphi_0 = 0$，初角速度为 ω_0，轮缘上任一点的全加速度与轮半径的交角恒为 $\theta = 60°$。试求飞轮的转动方程以及角速度与转角间的关系。

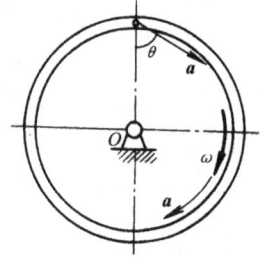

图 15-2

3. 千斤顶机构如图 15-3 所示。已知：把柄 A 与齿轮 1 固结，转速为 30r/min，齿轮 1～4 齿数分别为 $z_1=6$、$z_2=24$、$z_3=8$、$z_4=32$，齿轮 5 的半径为 $r_5=4$cm。试求齿条 B 的速度。

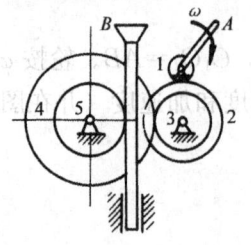

图 15-3

4. 摩擦传动机构的主动轴 Ⅰ 的转速为 $n=600$r/min。轴 Ⅰ 的轮盘与轴 Ⅱ 的轮盘接触，接触点按箭头 A 所示方向移动。已知：$r=5$cm，$R=15$cm，距离 b 的变化规律为 $b=10-0.5t$，式中 b 以 cm 计，t 以 s 计。试求：(1) 以距离 b 表示的轴 Ⅱ 角加速度；(2) 当 $b=r$ 时，轮 B 边缘上一点的全加速度大小。

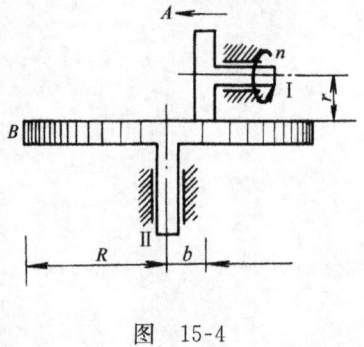

图 15-4

16. 刚体平面运动作业（1）

1. 差动机构如图 16-1 所示。已知：$n=10\text{r/min}$，$r=5\text{cm}$，$R=15\text{cm}$，绳索的 EB 段和 DC 段是铅直的。试求圆管中心 O 的上升速度。

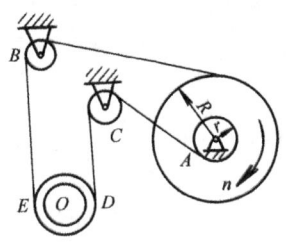

图 16-1

2. 四连杆机构如图 16-2 所示。已知：OA、O_1B 长度均为 r，连杆 AB 长 $2r$，曲柄 OA 的角速度 $\omega=3\text{rad/s}$，试求当 $\varphi=90°$、O_1B 位于 O_1O 的延长线上时，连杆 AB 和曲柄 O_1B 的角速度。

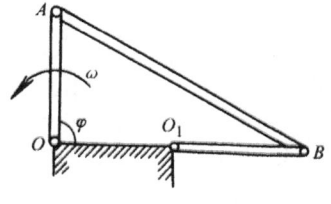

图 16-2

3. 行星轮机构如图 16-3 所示。已知：曲柄 OA 的匀角速度 $\omega=2.5\text{rad/s}$，行星轮 I 在定齿轮上作纯滚动，$r_1=5\text{cm}$，$r_2=15\text{cm}$。试求行星轮 I 上 B、C、D、E（$CE\perp BD$）各点的速度。

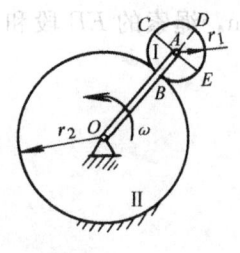

图 16-3

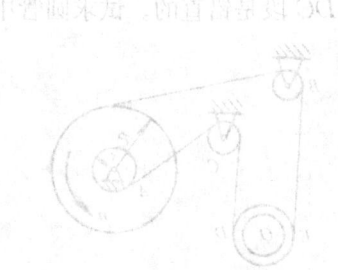

4. 在图 16-4 所示机构中，圆盘的半径为 R，沿固定水平面作纯滚动，带动杆的 B 端沿墙滑下。杆 AB 长为 L。当 $\varphi=30°$ 时，圆盘角速度为 ω。试求此瞬时：
(1) 杆 AB 的角速度；
(2) 点 B 的速度。

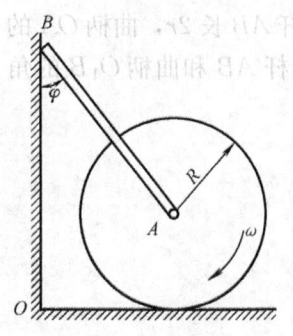

图 16-4

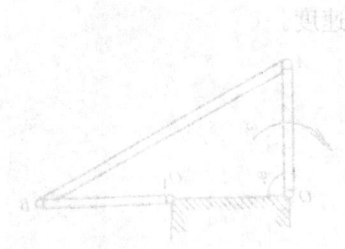

17. 刚体平面运动作业（2）

1. 在图17-1所示的星齿轮机构中，齿轮半径均为 $r=12$ cm。试求当杆 OA 的角速度 $\omega=2$ rad/s、角加速度 $\alpha=8$ rad/s^2 时，齿轮 I 上 B 和 C 两点的加速度。

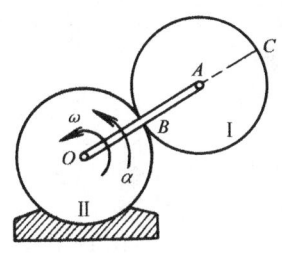

图 17-1

2. 在图17-2所示的机构中，轮子以匀转速 $n=40$ r/min 转动。已知：$OA=L_1=13$ cm，$O_1B=L_2=6$ cm，$AB=L_3=10$ cm，$L=15$ cm；设在图示位置时，O_1B 铅垂，AB 水平。试求此瞬时杆 OA 的角速度和角加速度。

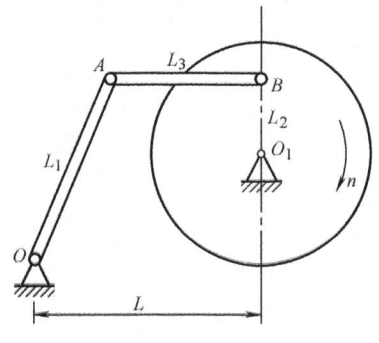

图 17-2

3. 机构如图 17-3 所示。已知：OA 长为 r，以匀角速度 ω_0 转动，AB 长为 $6r$，BC 长为 $3\sqrt{3}r$，$\theta=60°$。试求当 $\varphi=\theta$、$AB \perp BC$ 瞬时，滑块 C 的速度和加速度。

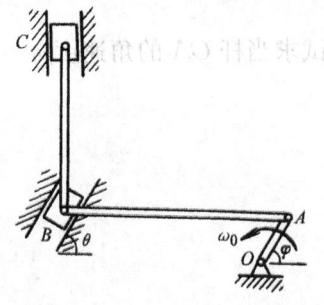

图 17-3

4. 曲柄 OA 以匀角速度 ω 绕 O 轴转动，$\varphi=\omega t$，$OA=AB=L=2r$；鼓轮轮轴沿水平直线轨道纯滚动，半径为 r，鼓轮半径为 $R=\sqrt{3}r$。试求图 17-4 所示 $\varphi=30°$ 位置时，鼓轮上点 D 的速度和加速度的大小。

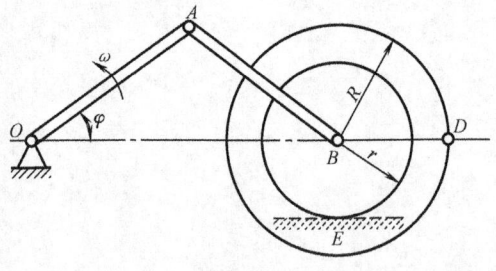

图 17-4

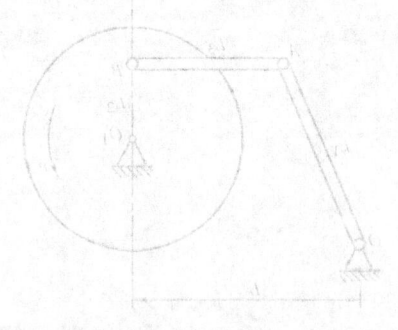

18. 点的合成运动作业（1）

1. 在如图 18-1 所示的滑道连杆机构中，曲柄以匀角速度 ω 转动，已知距离 l。试求滑块 A 对曲柄 OC 的相对速度（表示成 φ 的函数）。

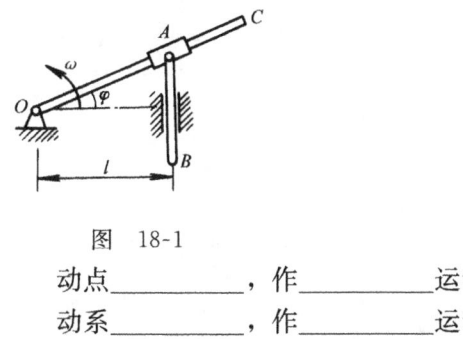

图 18-1

动点_____，作_____运动；
动系_____，作_____运动；
相对运动为_____运动。

2. 机构如图 18-2 所示，已知：齿轮 D 的半径 $R=10\text{cm}$，$l=40\text{cm}$。当 $\varphi=30°$ 时，齿条 OC 的角速度 $\omega=0.5\text{rad/s}$，方向为顺时针，试求此瞬时轮 D 的角速度。

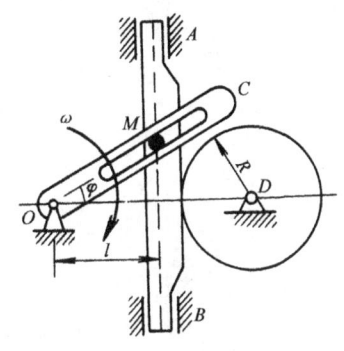

图 18-2

动点_____，作_____运动；
动系_____，作_____运动；
相对运动为_____运动。

3. 半径为 r，偏心距为 e 的凸轮，以匀角速度 ω 转动，杆 AB 长为 l，A 端搁在凸轮上，试求图 18-3 中 AB 杆水平并与 OA 线垂直时，AB 杆的角速度。

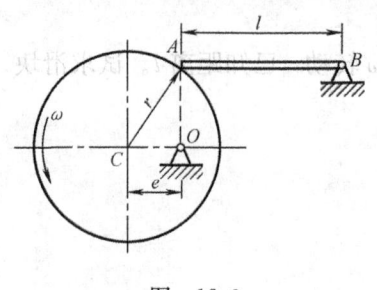

图 18-3

动点_____，作_____运动；
动系_____，作_____运动；
相对运动为_____运动。

4. 直角杆 OAB 可绕 O 轴转动，圆弧形杆 CD 固定，小环 M 套在两杆上，如图 18-4 所示。已知：$OA = R$，小环 M 沿 DC 由 D 往 C 作匀速运动，速度为 $v = \frac{1}{3}\pi R$，并带动 OAB 转动。试求当 OA 处于水平线 OO_1 位置时，杆 OAB 上点 A 的速度。

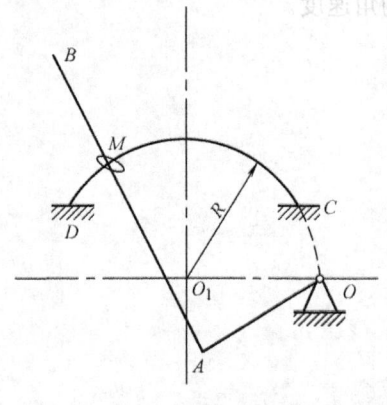

图 18-4

动点_____，作_____运动；
动系_____，作_____运动；
相对运动为_____运动。

19. 点的合成运动作业（2）

1. 如图 19-1 所示，半圆形凸轮半径为 R，当 $\theta=60°$ 时，凸轮的移动速度为 v，加速度为 a。试求此瞬时 B 点的速度与加速度。

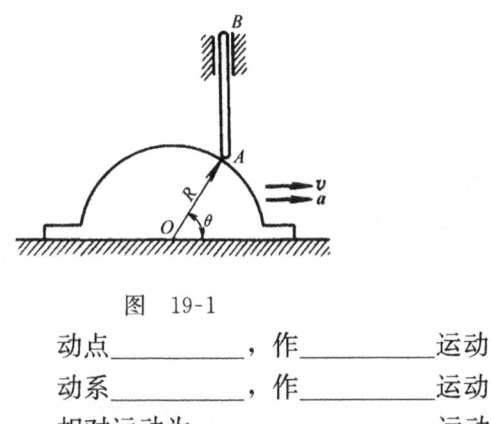

图 19-1

动点_____，作_____运动；

动系_____，作_____运动；

相对运动为_____运动。

2. 销钉 M 可沿水平导槽和半圆形槽板运动。水平导槽沿铅垂直杆运动，半圆形槽板沿固定铅垂墙运动。已知：$R=18$cm，在图 19-2 所示位置时，$v_1=2$cm/s，$a_1=0.5$cm/s^2，$v_2=1$cm/s，$a_2=1$cm/s^2，$\theta=45°$。试求该瞬时：（1）销钉 M 的速度和加速度；（2）销钉 M 的绝对轨迹的曲率半径。

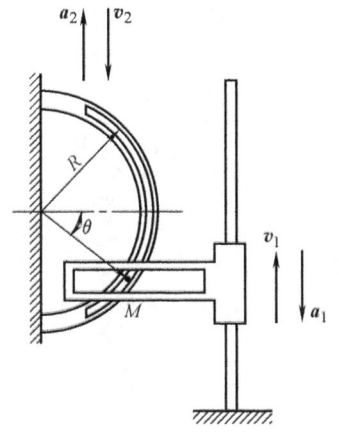

图 19-2

动点_____，作_____运动；

动系_____，作_____运动；

相对运动为_____运动。

3. 如图 19-3 所示机构，已知：杆 AB 以匀角速度 ω 转动，DC 杆上的 C 点始终与 AB 杆接触。试求 D 点的速度与加速度（表示成 θ 的函数）。

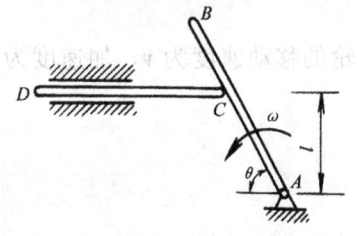

图 19-3

动点_____，作_____运动；
动系_____，作_____运动；
相对运动为_____运动。

4. 如图 19-4 所示机构，在图示瞬时，$l=150$mm，$h=200$mm，曲柄 OA 的角速度 $\omega_0=$ 4rad/s、角加速度 $\alpha_0=2$rad/s^2。试求此瞬时杆 O_1B 的角速度与角加速度。

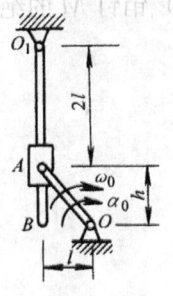

图 19-4

动点_____，作_____运动；
动系_____，作_____运动；
相对运动为_____运动。

20. 质点动力学作业

1. 假设有一穿过地心的笔直隧道，一质点自地面无初速地放入隧道（图20-1）。若质点受到地球内部的引力与它到地心的距离成正比，地球半径 $R=6370$km，在地球表面的重力加速度 $g=9.8$m/s^2，试求：(1) 质点的运动；(2) 质点穿过地心时的速度；(3) 质点到达地心所需的时间。

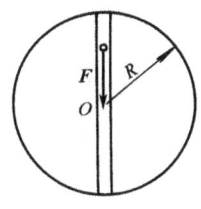

图 20-1

2. 如图20-2所示，一质量为 m 的质点 M 从光滑半圆柱体的顶点 A 无初速地下滑，求 $\theta=30°$ 时质点 M 对圆柱体的压力。

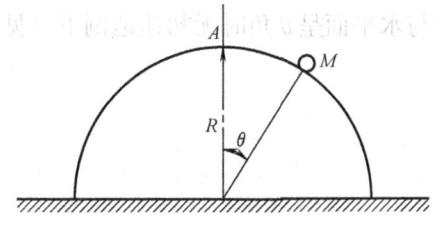

图 20-2

21. 动量定理作业

1. 试计算图 21-1 所示情况下系统的动量：(a) 质量为 m 匀质圆盘沿水平面滚动，圆心 O 的速度为 v_C；(b) 非匀质圆盘以角速度 ω 绕 O 轴转动，圆盘质量为 m，质心为 C，偏心距离 $\overline{OC}=e$；(c) 胶带轮传动，大轮以角速度 ω 转动。胶带及两胶带轮均为匀质物体；(d) 质量为 m 的匀质杆，长度为 l，绕 O 铰以角速度 ω 转动。

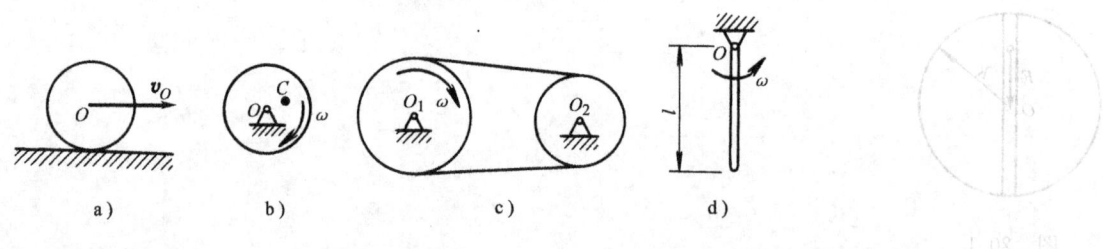

图 21-1

2. 匀质杆 AB 长为 $2l$，B 端搁置在光滑水平面上，杆与水平面呈 θ 角时无初速地倒下（见图 21-2）。试求杆端 A 点的运动轨迹。

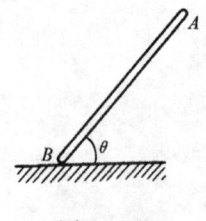

图 21-2

3. 匀质杆 OA 重为 P，长为 $2l$，绕通过 O 点的水平轴在铅垂面内转动（见图 21-3）。当转动到与水平线成 θ 角时，角速度与角加速度分别为 ω 与 α。试求此瞬时支座 O 的约束力。

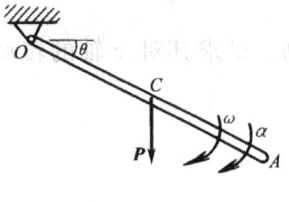

图 21-3

4. 稳定流冲击涡轮固定叶片如图 21-4 所示。已知水的流量为 q_v、密度为 ρ，v_1 为水平向，v_2 与水平线成 θ 角。试求水柱对叶片的动压力的水平分力。

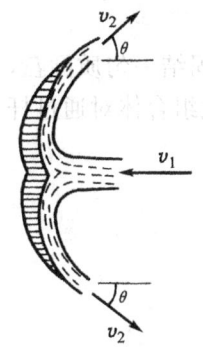

图 21-4

22. 转动惯量作业

1. 如图 22-1 所示，质量为 m 的匀质三角薄板，底长 l，高为 h。试求其对 x 轴的转动惯量。

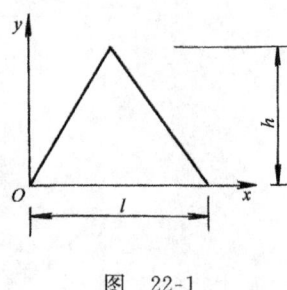

图 22-1

2. 如图 22-2 所示，组合体中的匀质杆 AB，质量为 m，长为 $2l$，一端固结一匀质圆盘，另一端固结一匀质细圆环，圆盘与圆环的半径均为 r，质量亦均为 m。试求此组合体对通过杆的质心并垂直于图面的 C 轴的转动惯量 J_C。

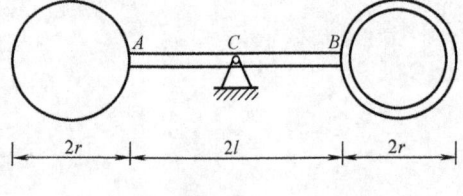

图 22-2

23. 动量矩定理作业（1）

1. 如图 23-1 所示，电梯的滑轮 A 可视为一匀质圆盘，其质量 $m=30$kg，直径 $d=1$m，电梯的质量 $m_1=2000$kg，平衡锤的质量 $m_2=1800$kg，钢绳质量不计，且不会在滑轮 A 上滑动。若电梯上升的加速度 $a=1\text{m/s}^2$，试求作用在轮上的转矩 M 应为多少？

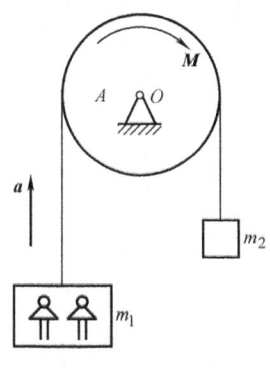

图 23-1

2. 如图 23-2 所示，两轮的重力为 G，半径均为 r，转动惯量 J_O 相等，轮 Ⅰ 上绳端作用一力 F（$F=P$），轮 Ⅱ 上绳端挂一受重力为 P 的重物。试求两轮的角加速度及铰链支承点 O 的铅垂约束力。

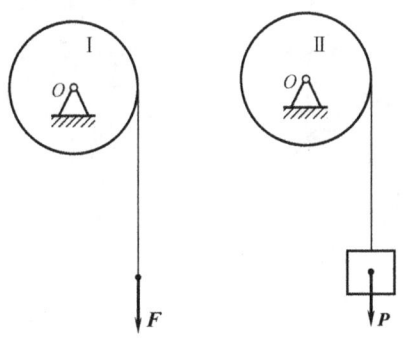

图 23-2

3. 匀质细杆 OA、BD 的质量均为 $m=8$kg，在 A 点固结，$l=0.25$m。在图 23-3 所示瞬时位置，角速度 $\omega=4$rad/s，试求此瞬时支座 O 的约束力。

图 23-3

4. 匀质圆盘质量为 m，轮上绕以细绳（见图 23-4）。试求轮下降时轮心 C 的加速度和绳的拉力。

图 23-4

24. 动量矩定理作业（2）

1. 如图 24-1 所示，一细绳绕在匀质圆柱体上，绳的引出部分与斜面平行。圆柱体与倾角为 θ 的斜面间的动摩擦因数为 f。试求圆柱体沿斜面落下时，质心 C 的加速度。

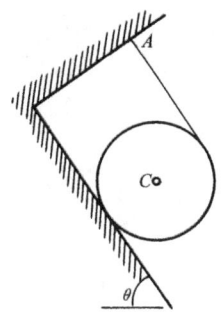

图 24-1

2. 在图 24-2 所示的匀质圆盘中，已知：质量 $m=50\text{kg}$，半径 $r=25\text{cm}$，搁在 A、B 支座上，$\varphi=30°$。假设摩擦力可使 A 处不滑动。试求：（1）移去 B 支座瞬时盘的角加速度；（2）该瞬时 A 处的约束力。

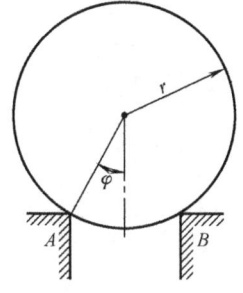

图 24-2

3. 如图 24-3 所示，匀质细杆 OA 的质量为 m，可绕 O 轴在铅垂面内转动。在 A 端铰接一个边长 $h=\frac{1}{3}l$、质量也为 m 的正方形板。该板可绕其中心 A 点在铅垂面内转动。开始时将方形板托住，使 OA 杆处于水平位置，然后突然放开，则系统将自静止开始运动，不计轴承摩擦。试求在放开的瞬时：(1) 方板的角加速度；(2) 轴承 O 的约束力。

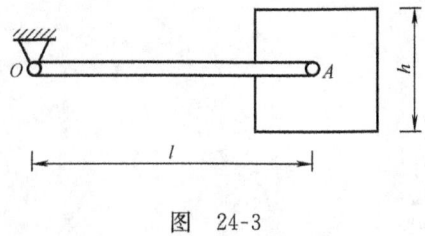

图 24-3

4. 如图 24-4 所示，匀质杆 AB 长 $l=1.2$ m，质量 $m=3$ kg，在铅垂位置无初速释放，随 A 端的滚子沿倾角 $\theta=30°$ 的斜面滑下。若不计滚子的质量及摩擦，试求释放瞬时：(1) 杆 AB 的角加速度；(2) A 点的加速度；(3) 杆 AB 在 A 端受到的约束力。

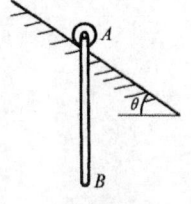

图 24-4

25. 动能定理作业（1）

1. 如图 25-1 所示，弹簧 OD 的一端固定于 O 点，另一端 D 沿半圆轨道滑动。半圆的半径 $r=1$m，弹簧原长 $l_0=1$m，劲度系数 $k=50$N/m。试求当 D 端从 A 运动到 B 时弹性力做的功。

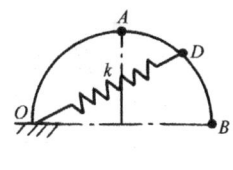

图 25-1

2. 机构如图 25-2 所示，在半径为 r 的卷筒上，作用一力偶矩 $M=b\varphi+h\varphi^2$，式中 b、h 为常数，φ 为转角；开始时 $\varphi=0°$；物 B 重力为 P，与水平面间的动摩擦因数为 f。试求当卷筒转过两圈时，作用于系统上所有力做功的总和。

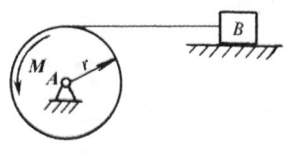

图 25-2

3. 匀质细杆 OC 长为 l，质量为 m，匀质圆盘与杆固结，其半径 $R=\dfrac{l}{2}$，质量亦为 m；鼓轮作纯滚动，对质心 C 的回转半径为 ρ，试计算系统在图 25-3 所示位置的动能，其中 ω、v_0 为已知。

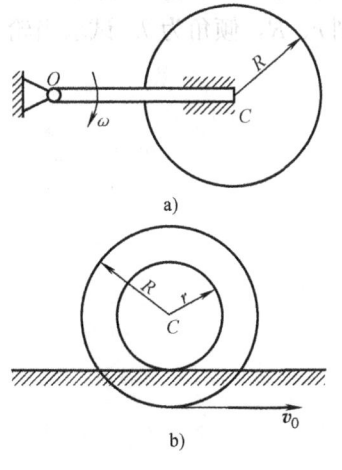

图 25-3

4. 如图 25-4 所示，物块 A、B 质量分别为 m_1、m_2，某瞬时 A 具有速度 v_1，B 以速度 v_2 相对于 A 滑动，试求该瞬时系统的动能。

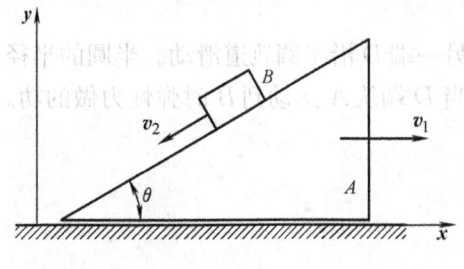

图 25-4

5. 两匀质杆 AC、BC，长均为 l，重均为 P，用 C 铰连接，放在光滑的水平面上（见图 25-5）。两杆在铅直平面内由图示位置开始无初速下落，试写出系统的动能（表示为 A 点速度与 C 点高度 h 的函数）。

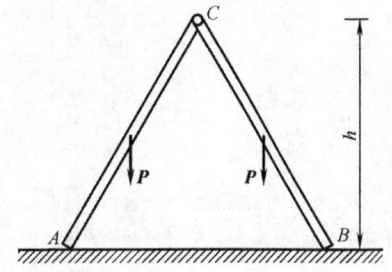

图 25-5

6. 机构如图 25-6 所示，鼓轮在固定水平面上作纯滚动。已知拉力 F（常量）、静滑动摩擦力 F_s、重力 P、正压力 F_N 和力偶矩为 M 的滚阻力偶，半径分别 r、R，倾角为 θ。试求当轮心移动距离 s 时各力的功。

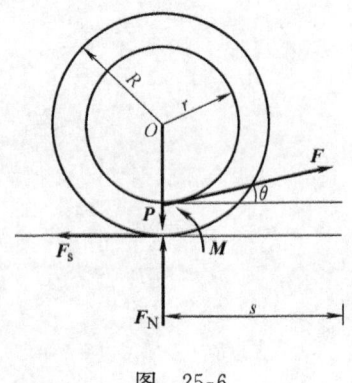

图 25-6

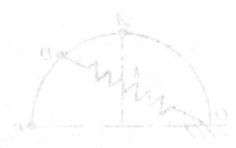
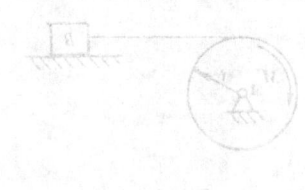
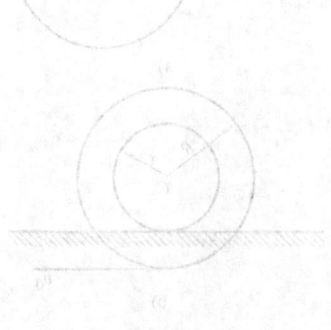

26. 动能定理作业（2）

1. 如图 26-1 所示，曲柄导杆机构位于水平面内。已知：匀质曲柄 OA 长为 r、重为 P_1，作用有不变的力偶矩 M；导杆重为 P_2，导杆与滑道间的摩擦力为常值 F。初瞬时 $\left(\angle AOB = \dfrac{\pi}{2}\right)$ 系统无初速。试求曲柄转过一圈后的角速度。

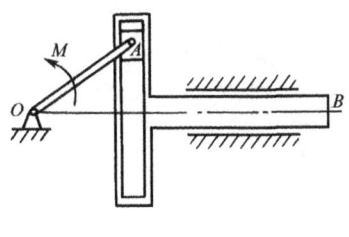

图 26-1

2. 在图 26-2 所示的系统中，A、B、C 的质量均为 m，鼓轮 B 对转轴 O 的回转半径为 ρ，假设绳的倾斜段与光滑斜面平行。试求鼓轮在矩为 M 的常值力偶作用下物块 A 的加速度。

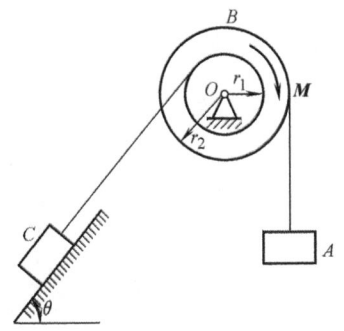

图 26-2

3. 匀质杆 OA 长为 $2l$，质量为 m，可绕 O 轴在铅直面内转动（见图 26-3），初瞬时静止。今欲使杆自铅直位置转到水平位置时质心 C 具有速度 $\frac{1}{3}v_A$，试问必须给予 A 端以多大的水平速度 v_A？

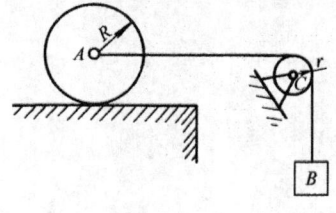

图 26-3

4. 机构如图 26-4 所示，已知：半径为 R、重为 P_1 的匀质圆盘 A 在水平面上作纯滚动，定滑轮 C 半径为 r、重为 P_2，物 B 重为 P_3。系统无初速地进入运动，试求重物 B 下降 x 距离时，圆盘中心的速度与加速度。

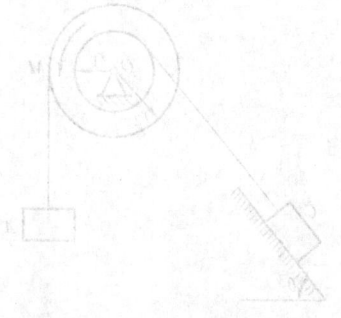

图 26-4

27. 动能定理作业（3）

1. 机构如图 27-1 所示，直角刚杆的 OA 部分可视为匀质直杆，重 P_1，OB 部分亦为匀质直杆，重 P_2，质点 A 重 P_3，尺寸 l_1、l_2、h 及劲度系数 k 均为已知，系统平衡时杆 OA 水平。若以平衡位置为零势能位置，试求当杆有微小偏角 φ 时系统的势能。

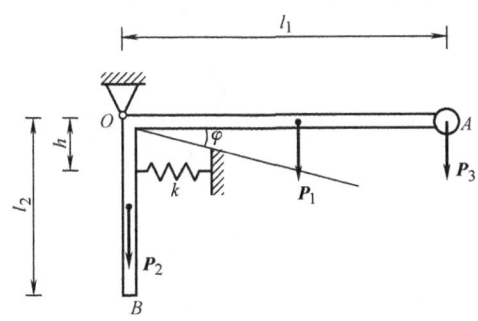

图 27-1

2. 机构如图 27-2 所示，匀质直角杆 ABC 的质量为 m，长 $AB=BC=5l$，弹簧 AD 的原长为 $5l$，劲度系数为 k，$BD=12l$。当 $AB \perp BD$ 时，无初速地释放，试求当杆 AB 转到与线 BD 重合时，杆 ABC 的角速度 ω。

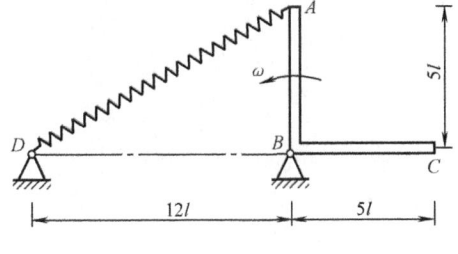

图 27-2

3. 在图 27-3 所示机构中,已知:匀质轮 C 作纯滚动,半径为 r,质量为 m_3,鼓轮 B 的内径为 r,外径为 R,对其中心轴的回转半径为 ρ,质量为 m_2,物块 A 的质量为 m_1。绳的 CE 段与水平面平行,系统从静止开始运动。试求:

(1) 物块 A 下落距离 s 时轮 C 中心的速度与加速度;

(2) 绳子 AD 段的张力。

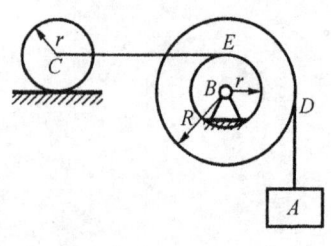

图 27-3

4. 机构如图 27-4 所示,匀质圆柱 A 的半径 $r=0.2$m、质量 $m_1=10$kg,在 $\theta=20°$ 的斜面上作纯滚动;滑块 B 质量 $m_2=5$kg,与斜面间的动摩擦因数 $f=0.2$。若系统无初速地开始运动,试求 A、B 沿斜面向下运动 $s=10$m 时,滑块 B 的速度和加速度及 AB 杆的力。

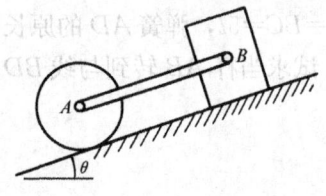

图 27-4

28. 达朗贝尔原理作业（1）

1. 如图 28-1 所示，一长为 l、质量为 m_1 的匀质杆 OE 刚性地接在以等角速度转动的铅垂直轴上，$\theta=30°$；在杆端固结一质量为 m_2 的质点 E。已知：$l_1=\dfrac{2}{3}l$，$\overline{OO_1}$ 长为 l，试求为使在轴承 A、B 处不发生附加动约束力，在点 C、D 处应加质点的质量。

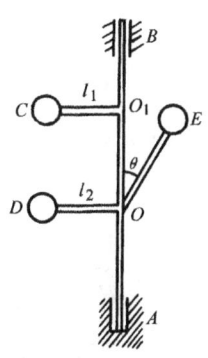

图 28-1

2. 图 28-2 所示的匀质圆轮沿水平直线作纯滚动。已知：轮半径为 r、质量为 m，轮心的加速度为 a_C。试求惯性力系的简化结果：（1）向轮心 C 简化；（2）向轮上与地面接触点 O 简化。

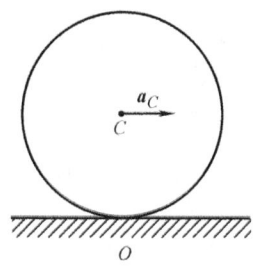

图 28-2

3. 图 28-3 所示的平台车沿水平直线行驶，匀质细杆 AB 用水平向绳维持铅直位置。已知：杆长 $l=2$m，质量 $m=20$kg，平台的加速度 $a=16$m/s^2。试用达朗贝尔原理（动静法）求：(1) 绳 CD 的张力；(2) 支座 A 的约束力。

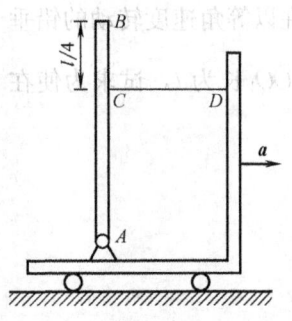

图 28-3

4. 物体 A 重为 P_1，直杆 BD 重为 P_2，由两根绳悬挂，如图 28-4 所示。试求系统从图示 θ 角无初速地开始运动瞬时，物体 A 相对杆 BD 静止，接触面间的静摩擦因数的最小值。

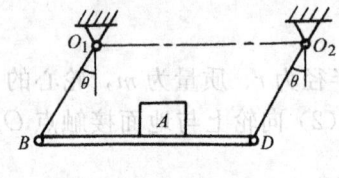

图 28-4

29. 达朗贝尔原理作业（2）

1. 图 29-1 所示的系统位于铅垂面内。已知：匀质细杆 AB 的质量 $m=5$kg，在其两端不计质量的 A 与 B 套筒可沿 $\theta=30°$ 的两光滑固定杆自由滑动。试用达朗贝尔原理（动静法）求 A 与 B 处的约束力。

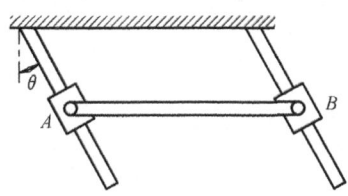

图 29-1

2. 图 29-2 所示的水平台面绕过中心 O 的铅直轴转动，匀质细杆在 A 端与台面铰接，在中心系以绳索，台面光滑。已知：杆长 $l=60$cm，质量 $m=10$kg。在图示瞬时，系统的角速度为 $\omega=3$rad/s、角加速度为 $\alpha=2$rad/s^2，试用达朗贝尔原理（动静法）求此瞬时：(1) 绳 OC 的张力；(2) 作用于 A 处的水平面内的约束力。

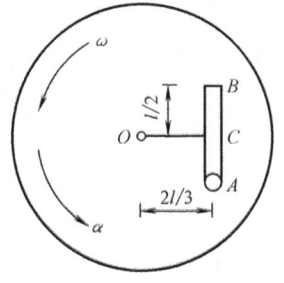

图 29-2

3. 机构如图 29-3 所示，长 $l=3.05$m、质量 $m=45.4$kg 的匀质杆 AB，下端搁在光滑的水平面上，上端用长 $h=1.22$m 的绳系住。当绳子铅垂时 $\theta=30°$，点 A 以匀速 $v_A=2.44$m/s 开始向左运动。试求此瞬时：（1）杆的角加速度；（2）需加在 A 端的水平力大小 F_A；（3）绳的拉力大小 F_B。

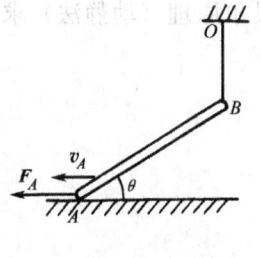

图 29-3

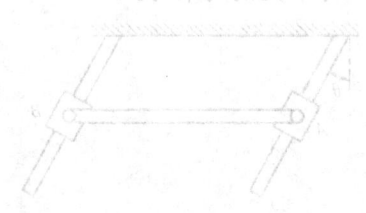

4. 机构如图 29-4 所示，匀质圆柱 O 重 $P_1=40$N，沿倾角 $\theta=30°$ 的斜面作纯滚动，匀质杆长 $l=60$cm，重 $P_2=20$N，杆 OA 保持水平方位。若不计杆端 A 处的摩擦，系统无初速地进入运动，试求 OA 杆两端的约束力。

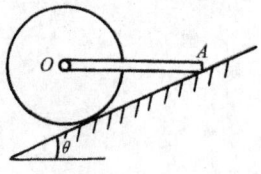

图 29-4

30. 虚位移原理作业（1）

1. 机构如图 30-1 所示，已知：$F_1=120$N，$M=15$N·m，$L=10$cm。试问：用虚位移原理求作用在 A 点的 F_2 力需多大，才能使机构保持平衡？

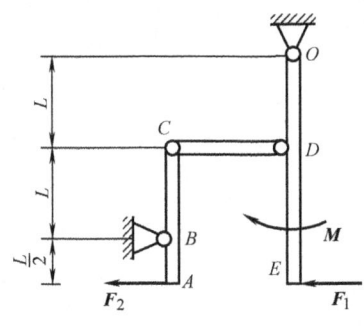

图 30-1

2. 在图 30-2 所示的机构中，已知：各轮的半径分别为 r_1、r_2、r_3。试用虚位移原理求机构平衡时 F/M 的值。

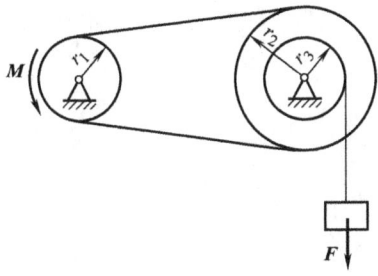

图 30-2

3. 在图 30-3 所示的机构中，$OB=BD=AB=BE=DG=EG=l$，平衡时角为 θ。试求 F_1 与 F_2 的关系。

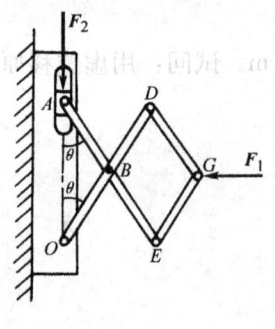

图 30-3

4. 在图 30-4a 所示的结构中，已知：$P_1=2\text{kN}$，$P_2=3\text{kN}$，$l_1=0.3\text{m}$，$l_2=0.2\text{m}$。试求支座 C 的约束力。（求 F_{Cx} 时，虚位移图画在 a 上；求 F_{Cy} 时，虚位移图画在 b 上）

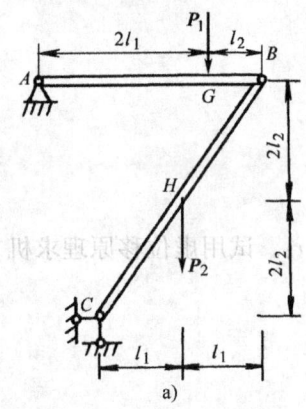

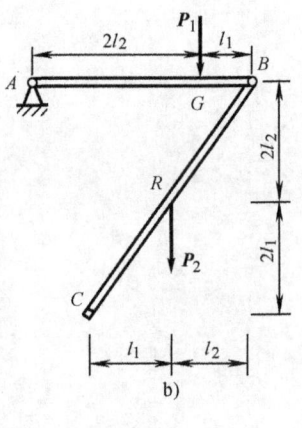

图 30-4

31. 虚位移原理作业（2）

1. 在图 31-1 所示的机构中，AC 杆及 BC 杆在 C 端铰接，滑块 A、B 用弹簧相联，且可在光滑水平槽内滑动。已知：两杆长均为 $L=1\text{m}$，重均为 $F=60\text{N}$，弹簧原长 $L_0=0.9\text{m}$。若系统在 $\theta=30°$ 位置时处于平衡，试用虚位移原理求弹簧的劲度系数 k。

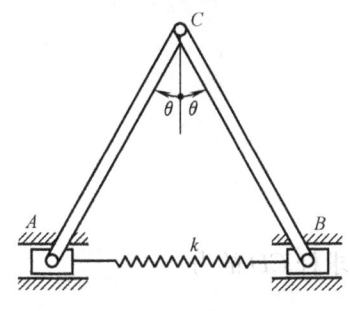

图 31-1

2. 在图 31-2a 所示的多跨梁中，已知：$F=5\text{kN}$，$q=2\text{kN/m}$，$M=12\text{kN·m}$，$l=1\text{m}$，试求支座 A 的约束力。（求 M_A 时，虚位移图画在 a 上；求 F_A 时，虚位移图画在 b 上）

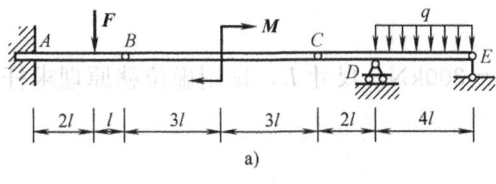

a)

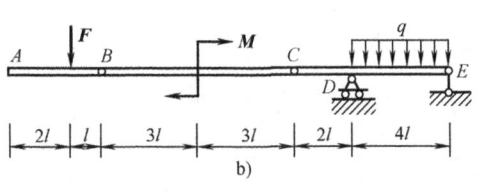

b)

图 31-2

3. 静定刚架如图 31-3 所示。已知 $F=4$kN，$h=5$m，试求支座 D 的水平约束力。

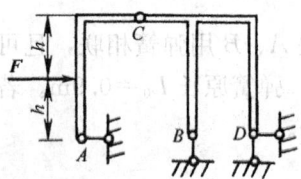

图 31-3

4. 在图 31-4 所示的桁架中，已知：F、L，试用虚位移原理求杆 CD 的力。

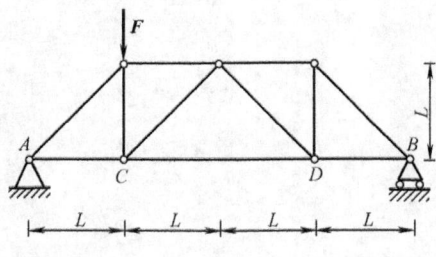

图 31-4

5. 机构如图 31-5 所示。已知：$F_1=100$kN，$F_2=300$kN，尺寸 L，试用虚位移原理求杆 BC 的力。

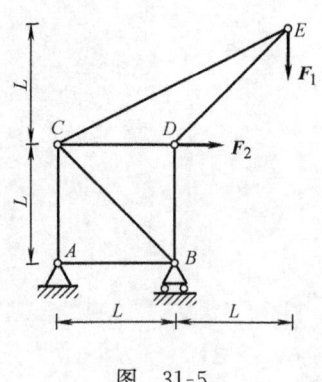

图 31-5

32. 工程力学（一）期末综合练习试卷 A

一、概念题（每小题 5 分，共 30 分）：

1. 物块重为 $P=100\text{kN}$，自由地放在倾角为 $30°$ 的斜面上（见图 32-1），若物体与斜面间的静摩擦因数 $f_s=0.3$，动摩擦因数 $f_d=0.2$，水平力 $F=50\text{kN}$，则作用在物块上的摩擦力的大小为_____。

2. 在图 32-2 所示的悬臂桁架中，内力为零的杆件有_____。

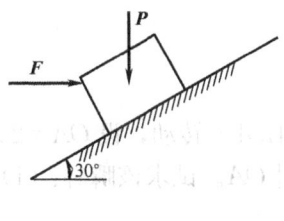

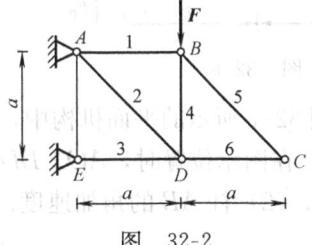

图 32-1　　　　　　　　　图 32-2

3. 点沿半径 $R=500\text{mm}$ 的圆周运动，若点的运动规律为 $s=50t+2t^2$（mm），则当 $t=5\text{s}$ 时，点的速度的大小为_____，加速度的大小为_____。

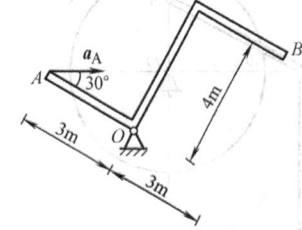

4. 双直角曲杆可绕轴 O 转动，图 32-3 所示瞬时点 A 的加速度 $a_A=0.3\text{m/s}^2$，方向如图所示，则点 B 加速度的大小为_____，方向与直线_____成_____角。

图 32-3

5. 质量为 m 的匀质杆 OA 长为 L，在杆的下端固结一质量亦为 m、半径为 $\dfrac{L}{2}$ 的匀质圆盘，图 32-4 所示瞬时角速度为 ω，角加速度为 α，则系统的动量为_____，系统对 O 轴的动量矩为_____，须在图上标明方向。

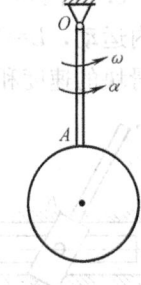

图 32-4

6. 如图 32-5 所示，质量 $m=1\text{kg}$、长 $L=1\text{m}$ 的匀质细杆在铅直面内绕其一端 O 按规律 $\varphi=t-\dfrac{3}{2}t^2$ 转动（t 以 s 计，φ 以 rad 计），则 $t=1\text{s}$ 时，该杆的惯性力系向点 O 简化的主矢和主矩的大小分别等于_____和_____；须在图上画出简化结果。

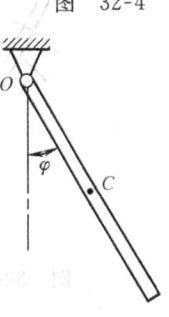

图 32-5

二、计算题（共 70 分）

1. 在图 32-6 所示的吊架中，已知：F_P、r、L、α，且 B、O 处均为铰接。试求：（1）支座 A、C 的约束力；（2）铰链 B 的约束力。（15 分）

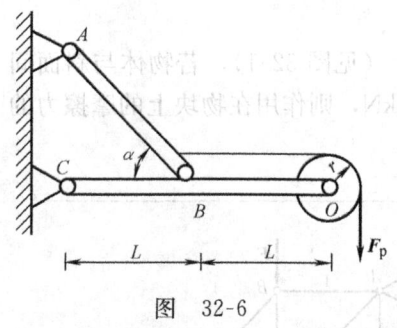

图 32-6

2. 在图 32-7 所示的平面机构中，圆轮以匀角速度 $\omega=4\text{rad/s}$ 转动，设 $OA=20\text{cm}$，$AB=BD=40\text{cm}$。在图示位置时，AO、BD 的连线铅垂，且 $OB\perp OA$。试求该瞬时：（1）点 B 的速度和加速度；（2）杆 AB 的角加速度。（15 分）

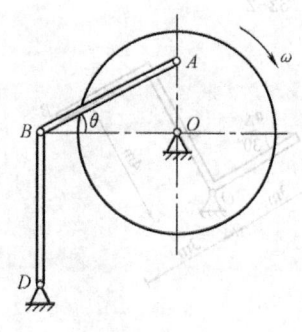

图 32-7

3. 在图 32-8 所示的平面机构中，滑套 B 可沿杆 OC 滑动，与滑块 B 铰接，并可在水平滑道内运动，$L=30\text{cm}$。当 $\varphi=30°$ 时，$\omega=0.2\text{rad/s}$，$\alpha=0.1\text{rad/s}^2$。试用点的合成运动的方法求滑块的速度和加速度。

动点＿＿＿＿＿，作＿＿＿＿＿运动；
动系＿＿＿＿＿，作＿＿＿＿＿运动；
相对运动为＿＿＿＿＿运动。（15 分）

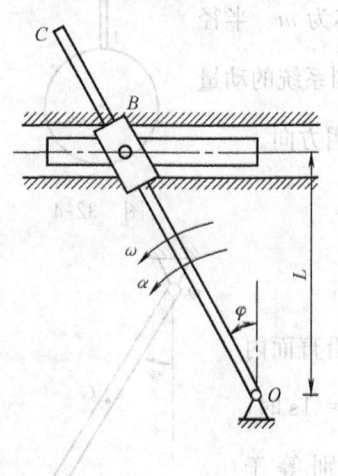

图 32-8

4. 在图 32-9 所示的提升机构中，已知：齿轮 I 的质量不计，半径为 r_1；半径为 r_3 的齿轮 III 与半径为 r_2 的滚筒 II 固结在一起，质量共为 m_1，对轴 O 的回转半径为 ρ。物体 A 的质量为 m_2，它与斜面的动摩擦因数为 f_d，绳的倾斜段与斜面平行，$\varphi=30°$。在轮 I 上受力偶矩为 M 的常值力偶作用。试求此时绳索的拉力。(15 分)

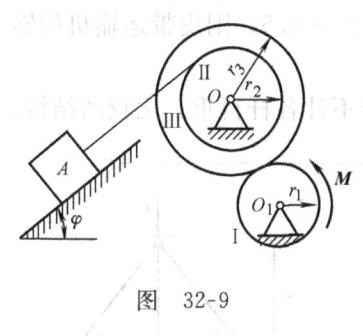

图 32-9

5. 在图 32-10 所示的机构中，已知：$AC=BC=EC=FC=FD=DE=L$，力 F_1 及 θ 角，试用虚位移原理求机构平衡时，F_2 力大小。(10 分)

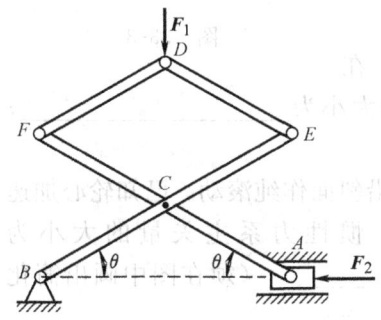

图 32-10

33. 工程力学（一）期末综合练习试卷 B

一、概念题（每小题 5 分，共 30 分）：

1. 机构如图 33-1 所示，已知砂石与皮带间的静摩擦因数为 $f_s=0.5$，则皮带运输机的输送带的最大倾角 θ _____。

2. 机构如图 32-2 所示，a、b 两结构受相同的载荷作用，若不计各杆自重，比较两结构，约束力相同的有 _____ 处，内力相同的杆件有 _____。

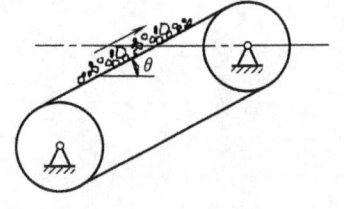

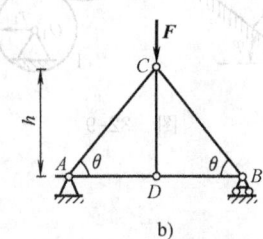

图 33-1　　　　　　　　　　　　　　图 33-2

3. 点沿半径 $R=500\text{mm}$ 的圆周运动，已知点的运动规律为 $s=10Rt^3$（mm），则当 $t=1\text{s}$ 时，该点的加速度的大小为 _____。

4. 曲杆 ABC 在图 33-3 所示的平面内可绕轴 O 转动，已知某瞬时 A 点的加速度 a（单位为 m/s^2），则该瞬时曲杆的角速度 $\omega=$ _____，角加速度 $\alpha=$ _____。

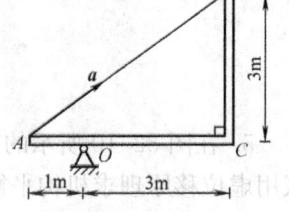

图 33-3

5. 匀质直角杆 OAB，单位长度的质量为 ρ，两段皆长 $2R$，在图 33-4 所示瞬时以 ω、α 绕轴 O 转动。该瞬时直角杆动量的大小为 _____；对轴 O 动量矩的大小为 _____（须标出方向）。

6. 系统如图 33-5 所示，匀质圆盘半径为 R、质量为 m，沿斜面作纯滚动。已知轮心加速度 a_O，则圆盘各质点的惯性力向点 O 简化的结果是：惯性力系主矢量的大小为 _____；惯性力系主矩的大小为 _____（须在图中画出简化结果）。

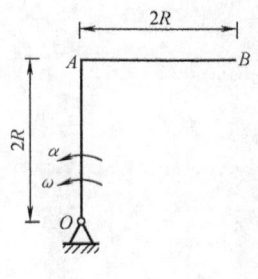

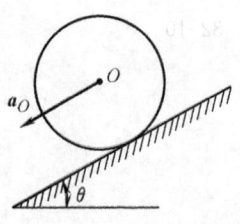

图 33-4　　　　　　　　　　　　　　图 33-5

二、计算题（共70分）

1. 图 33-6 所示的结构，已知：$L=0.5\text{m}$，$P=500\text{N}$，$r=0.1\text{m}$，D、B 均为光滑铰链。试求 B、C 处的约束力。(15分)

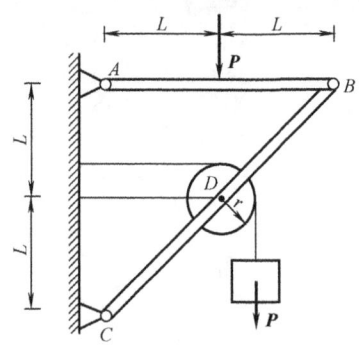

图 33-6

2. 曲柄滑块机构如图 33-7 所示。曲柄 OA 的匀角速度 $\omega=4\text{rad/s}$，滑块 B 在圆弧滑槽内滑动，$OA=2\text{cm}$，$R=4\text{cm}$。在图示位置时，OA、O_1B 均处于铅垂位置，$\varphi=60°$。试求该瞬时：(1) 滑块 B 的速度；(2) 滑块 B 的加速度的大小；(3) 杆 AB 的角加速度。(15分)

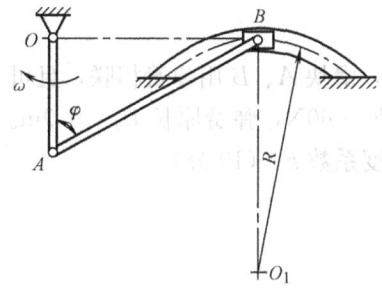

图 33-7

3. 在图 33-8 所示的平面机构中，摆杆 OB 通过套在滑槽中的销钉 A 带动曲柄 AC 转动，某瞬时曲柄 CA 水平，$\theta=45°$，摆杆 OB 的角速度为 ω，角加速度为零。试用点的合成运动方法求机构在该位置时，曲柄 CA 的角加速度。

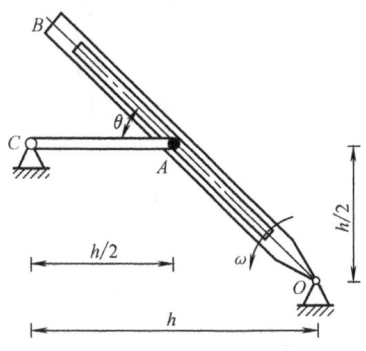

动点_____，作_____运动；
动系_____，作_____运动；
相对运动为_____运动。(15分)

4. 在图33-9所示的系统中，已知：绞车卷筒 B 的质量为 m_2，半径为 r，其上作用有不变转矩 M，绕在卷筒的绳索末端挂一质量为 m_1 的重物 A，与斜面间的动摩擦因数为 f_d，重物沿着倾角为 θ 的斜面由静止开始上升。试求卷筒转过 φ 角时的角速度和轴 O 的约束力。（15分）

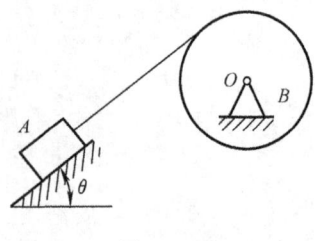

图 33-9

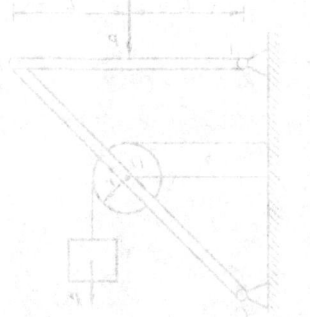

5. 在图33-10所示的机构中，杆 AC 及杆 BC 在 C 端铰接，滑块 A、B 用弹簧相联，且可在光滑水平槽内滑动。已知：两杆长均为 $L=1\text{m}$，重力均为 $F=60\text{N}$，弹簧原长 $L_0=0.9\text{m}$。若系统在 $\theta=30°$ 位置时处于平衡，试用虚位移原理求弹簧的劲度系数 k。（10分）

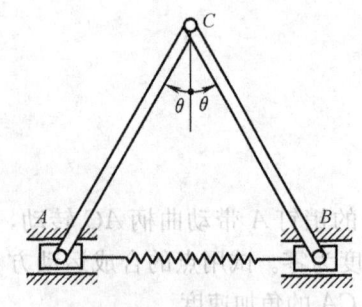

图 33-10

二、工程力学（二）作业

34. 轴向拉伸和压缩作业（1）

1. 试绘图 34-1 中各杆的轴力图。

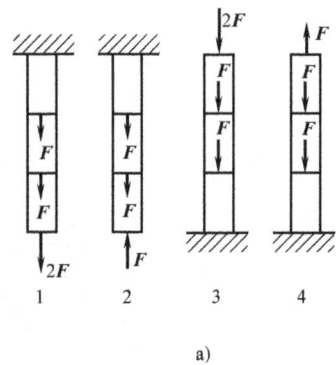

a)

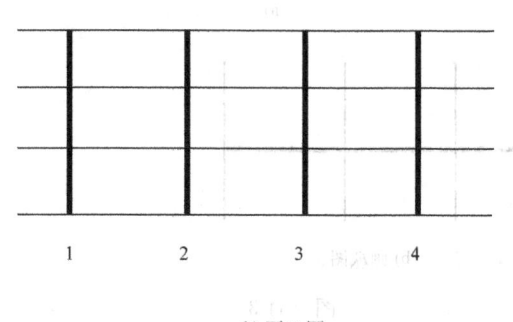

b) 画 F_N 图

图 34-1

2. 杆件的载荷和尺寸如图 34-2 所示。已知横截面面积 $A=400\text{mm}^2$。$F_1=500\text{N}$，$F_2=420\text{N}$，$F_3=280\text{N}$，$F_4=400\text{N}$，$F_5=240\text{N}$。(1) 试作轴力图；(2) 求各段杆横截面上的应力。

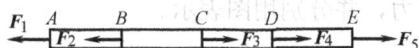

a)

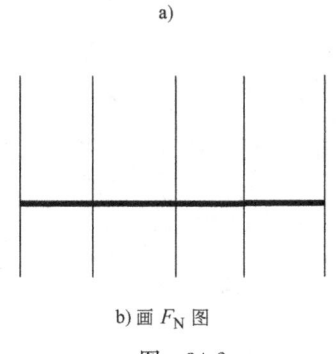

b) 画 F_N 图

图 34-2

3. 木杆的横截面为边长 $a=200$mm 的正方形，在 BC 段开一长为 l，宽为 $a/2$ 的槽，杆件受力如图 34-3 所示。已知：$F_1=F_2=10$kN，$F_3=30$kN。试绘全杆的轴力图，并求出各段横截面上的正应力（不考虑槽孔角点处应力集中的影响）。

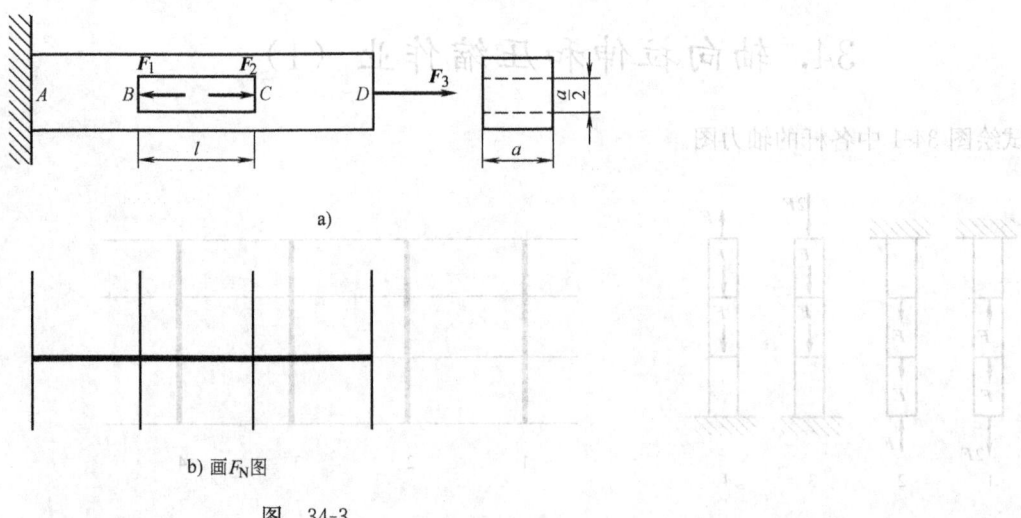

图 34-3

4. 如图 34-4 所示的压杆受轴向压力 $F=5$kN 的作用，杆件的横截面面积 $A=100$mm^2。试求 $\alpha=0°$、$30°$、$45°$、$60°$、$90°$ 时各斜截面上的正应力和切应力，并分别用图表示。

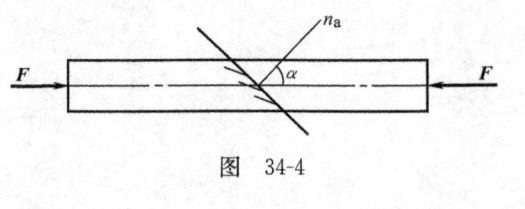

图 34-4

35. 轴向拉伸和压缩作业（2）

1. 直杆受力如图 35-1 所示。已知 $a=1\text{m}$，直杆的横截面面积为 $A=400\text{mm}^2$，材料的弹性模量 $E=2\times10^5\text{MPa}$；$F_A=4\text{kN}$，$F_B=5\text{kN}$，$F_C=2\text{kN}$，$F_D=3\text{kN}$。试求各段的伸长（或缩短），并计算全杆的总伸长。

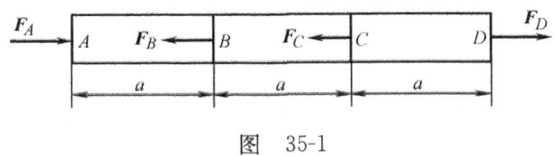

图 35-1

2. 如图 35-2 所示的结构中，梁 AB 为刚性杆。已知：AD 杆是钢杆，其面积 $A_1=1000\text{mm}^2$，弹性模量 $E_1=200\text{GPa}$；BE 杆是木杆，其面积 $A_2=10000\text{mm}^2$，弹性模量 $E_2=10\text{GPa}$；CH 杆是铜杆，其面积 $A_3=3000\text{mm}^2$，弹性模量 $E_3=100\text{GPa}$；$h=0.5\text{m}$，$l=1\text{m}$。设在 H 点处的作用力 $F=120\text{kN}$。试求：(1) C 点和 H 点的位移；(2) AD 杆的横截面面积扩大一倍时 C 点和 H 点的位移。

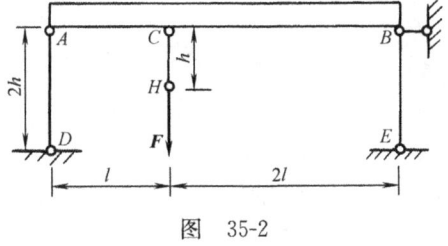

图 35-2

3. 在图 35-3 所示的结构中，梁 AC 受均布载荷 $q=10\text{kN/m}$ 作用，$h=3\text{m}$，$l=4\text{m}$。C 端用斜杆 BC 拉住。

(1) 斜杆用钢丝索做成，每根钢丝的直径 $d=2\text{mm}$，$[\sigma]=160\text{MPa}$，试求所需钢丝根数；

(2) 若斜杆改用两个等边角钢，材料的许用应力 $[\sigma]=160\text{MPa}$，试选择角钢的型号。

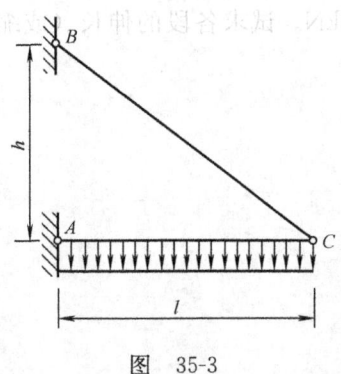

图 35-3

4. 图 35-4 所示的结构中，杆 AB 的截面积 $A_1=600\text{mm}^2$，许用应力 $[\sigma]_1=160\text{MPa}$；杆 BC 的截面积 $A_2=900\text{mm}^2$，许用应力 $[\sigma]_2=100\text{MPa}$。试求结构的许用载荷 $[F]$。

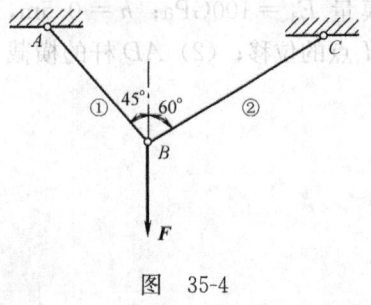

图 35-4

36. 轴向拉伸和压缩作业（3）

1. 如图 36-1 所示的矩形截面拉伸试件，其宽度 $b=40$mm，厚度 $h=5$mm。每增加 5kN 拉力，测得轴向应变 $\varepsilon_1=120\times10^{-6}$，横向应变 $\varepsilon_2=-32\times10^{-6}$，试求材料的弹性模量 E 和泊松比 ν。

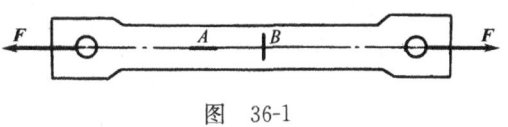

图 36-1

2. 结构受力如图 36-2 所示，水平梁 CD 视为刚性杆，已知：$E=2\times10^5$MPa，$\sigma_P=200$MPa，$\sigma_S=240$MPa，$\sigma_b=400$MPa，杆 AB 直径 $d=20$mm，长度 $a=1$m。

(1) 若结构在卸载后不容许产生塑性变形，则外力 F 的极限值为多大？

(2) 若加载至杆 AB 断裂，此时的 F 为多大？

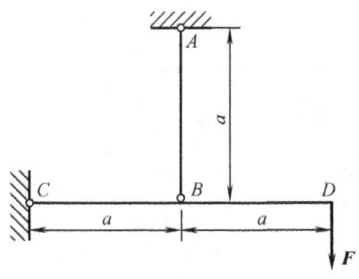

图 36-2

3. 在图 36-3 所示的构架中，刚性梁 AD 铰支于点 A，并以两根材料和横截面积都相同的钢杆悬吊于水平位置。设 $F=50\text{kN}$，钢杆许用应力 $[\sigma]=100\text{MPa}$，试求两吊杆的内力及所需横截面面积 A。

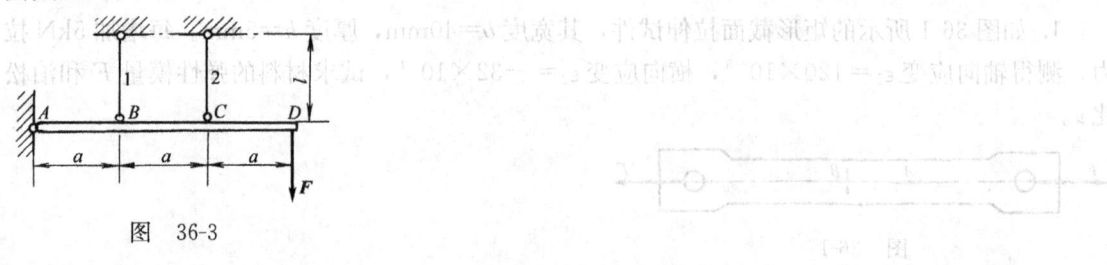

图 36-3

4. 图 36-4 所示结构的 1、2、3 杆的 EA 相同，试求各杆的轴力。

图 36-4

37. 剪切作业

1. 两块厚度为 10mm 的钢板，用两个直径为 17mm 的铆钉搭接在一起，如图 37-1 所示。$F=60$kN，$[\tau]=140$MPa，$[\sigma_c]=280$MPa，$[\sigma]=160$MPa，试校核该铆接件的强度。

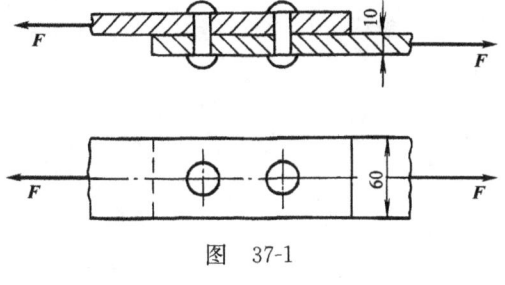

图 37-1

2. 矩形截面的木拉杆的接头如图 37-2 所示。已知轴向拉力 $F=50$kN，截面宽度 $b=250$mm，木材的顺纹的容许挤压应力 $[\sigma_c]=10$MPa，顺纹的容许切应力 $[\tau]=1$MPa。试求接头处所需的尺寸 l 和 a。

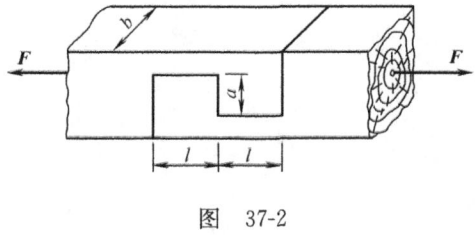

图 37-2

3. 连接件如图 37-3 所示，钢板用铆钉对接，主板厚 $t_1=12$mm，盖板厚 $t_2=6$mm，铆钉直径 $d=20$mm，受大小为 $F=250$kN 的力作用。已知铆钉的许用切应力 $[\tau]=100$MPa，许用挤压应力 $[\sigma_c]=280$MPa，钢板许用应力 $[\sigma]=160$MPa。试求：

(1) 每边所需铆钉的数目 n 为多少个？

(2) 若按图示形式排列铆钉，钢板宽度 b 应为多大？

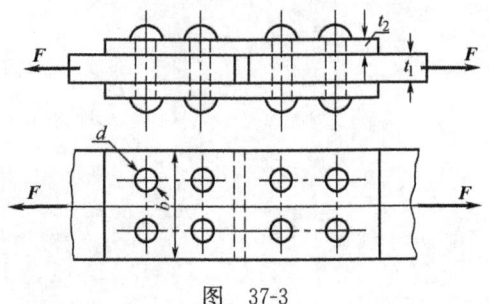
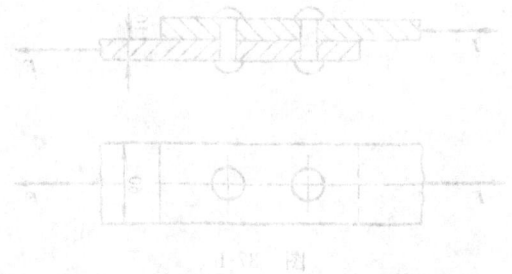

图 37-3

4. 结构受力如图 37-4 所示。已知 $d=10$mm，$t_1=7$mm，$t=10$mm，$b=160$mm，$[\tau]=100$MPa，$[\sigma_c]=250$MPa，$[\sigma]=120$MPa，试求许用载荷 $[F]$。

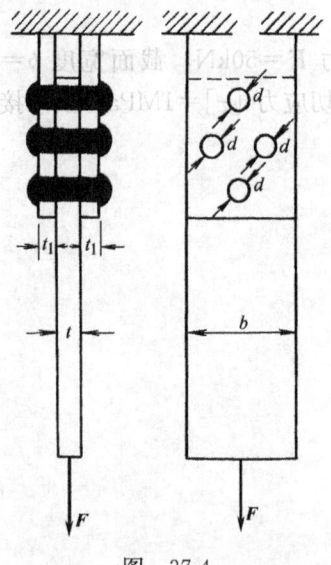
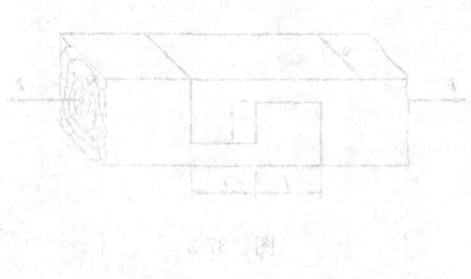

图 37-4

38. 扭转作业（1）

1. 圆轴受力如图 38-1 所示，其 $T_1=1\text{kN}\cdot\text{m}$，$T_2=0.6\text{kN}\cdot\text{m}$，$T_3=0.2\text{kN}\cdot\text{m}$，$T_4=0.2\text{kN}\cdot\text{m}$，$l_1=2\text{m}$，$l_2=2.5\text{m}$。

   (1) 试作出轴的扭矩图。

   (2) 若 T_1 和 T_2 的作用位置互换，则扭矩图有何变化？

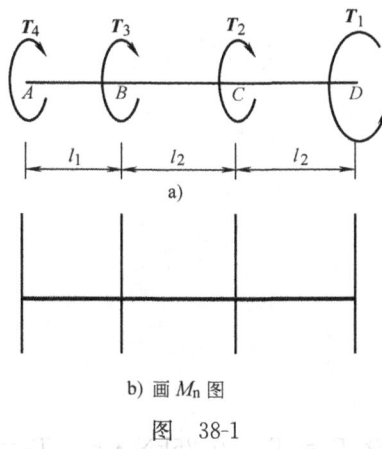

b) 画 M_n 图

图 38-1

2. 如图 38-2 所示，一钻探机的功率 $N_k=10\text{kN}$，转速 $n=180\text{r/min}$。钻杆钻入土层的深度 $l=4\text{m}$。如土壤对钻杆的阻力可看作是均布的力偶。试求此分布力偶的集度 t，并作出钻杆的扭矩图。

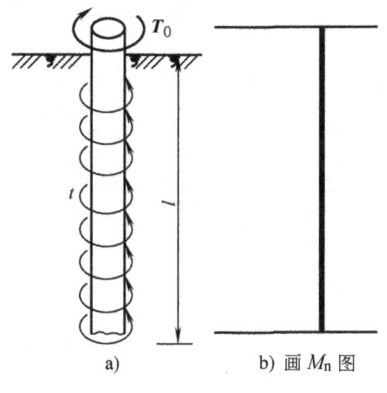

图 38-2

3. 直径 $d=50$mm 的圆轴受力如图 38-3 所示，已知 $T_0=1$kN·m。试求：

(1) 横截面上 $\rho=\dfrac{d}{4}$ 处点 A 处的切应力；

(2) 圆轴的最大切应力。

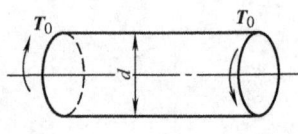 

图 38-3

4. 一实心圆轴与四个圆盘刚性连接，如图 38-4 所示，设 $T_A=T_B=0.25$kN·m，$T_C=1$kN·m，$T_D=0.5$kN·m，圆轴材料的许用切应力 $[\tau]=20$MPa，其直径 $d=50$mm，试对圆轴进行强度计算。

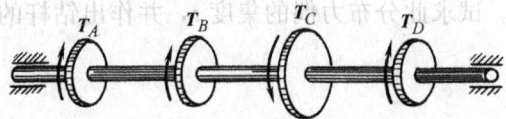

图 38-4

39. 扭转作业（2）

1. 如图 39-1 所示为装有四个带轮的一根实心轴。已知：$T_1=1.5\text{kN}\cdot\text{m}$，$T_2=3\text{kN}\cdot\text{m}$，$T_3=9\text{kN}\cdot\text{m}$，$T_4=4.5\text{kN}\cdot\text{m}$。各轮的间距为：$l_1=0.8\text{m}$，$l_2=1.0\text{m}$，$l_3=1.2\text{m}$。材料的许用切应力 $[\tau]=80\text{MPa}$，许用单位扭转角 $[\theta]=0.3°/\text{m}$，$G=80\text{GPa}$，圆轴直径 $d=105\text{mm}$。

(1) 试校核圆轴的强度和刚度；

(2) 试求轮 4 和轮 1 间的扭转角。

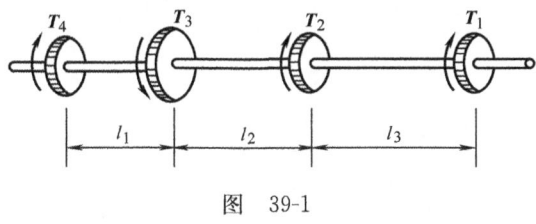

图 39-1

2. 已知实心圆轴的转速 $n=300\text{r/min}$，传递的功率 $N_k=330\text{W}$。圆轴材料的许用切应力 $[\tau]=60\text{MPa}$，剪切模量 $G=8\times10^4\text{MPa}$，设计要求在 2m 长度内的扭转角不超过 $1°$，试确定轴的直径。

3. 两段直径均为 $d=100$mm 的圆轴用法兰和螺栓连接成传动轴，如图 39-2 所示。已知轴受扭时最大切应力 $\tau_{max}=70$MPa，螺栓的直径 $d_1=20$mm，并布置在 $D_0=200$mm 的圆周上，设螺栓的许用切应力为 $[\tau]=60$MPa，试求所需要螺栓的个数。

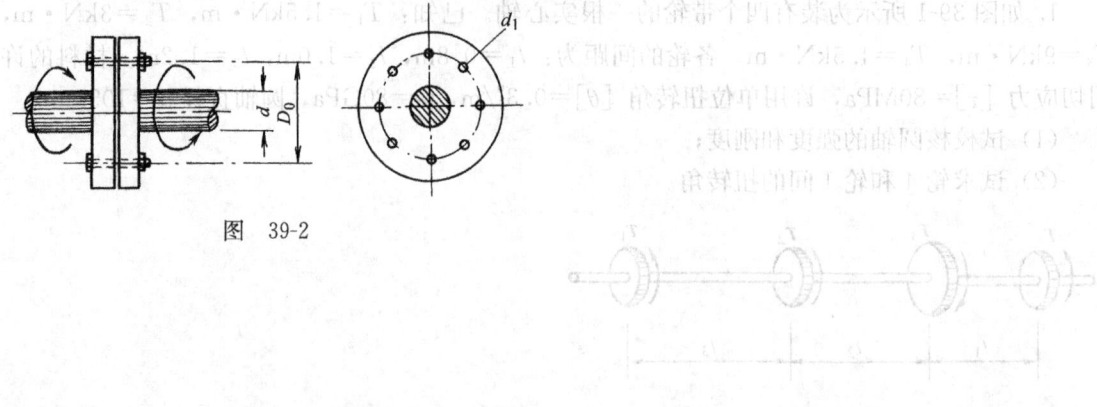

图 39-2

4. 一根两端固定的阶梯形圆轴如图 39-3 所示，它在截面突变处受外力偶矩 T_0 的作用。若 $d_1=2d_2$，试求固端支座力偶矩 T_A 和 T_B，并作扭矩图。

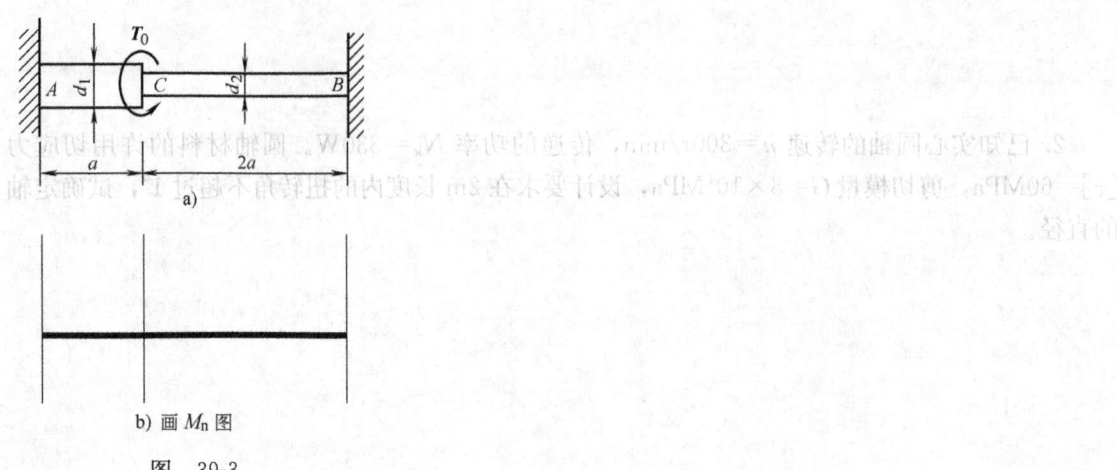

b) 画 M_n 图

图 39-3

40. 弯曲内力作业（1）

1. 在图 40-1a、b、c、d、e中，$q=10$kN/m，$F=10$kN，$l=a=1$m，试求图示各梁上指定截面处的剪力和弯矩。

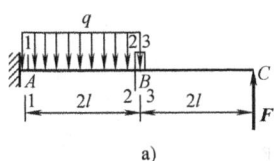

a)

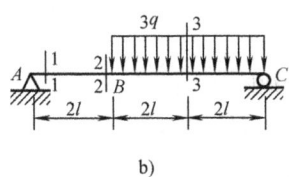

b)

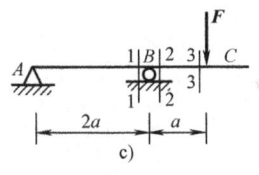

c)

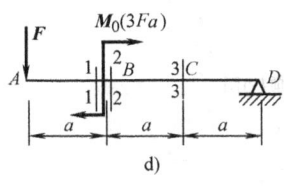

d)

e)

图 40-1

2. 写出图 40-2、图 40-3、图 40-4、图 40-5 所示各梁的剪力方程、弯矩方程，并作剪力图和弯矩图。

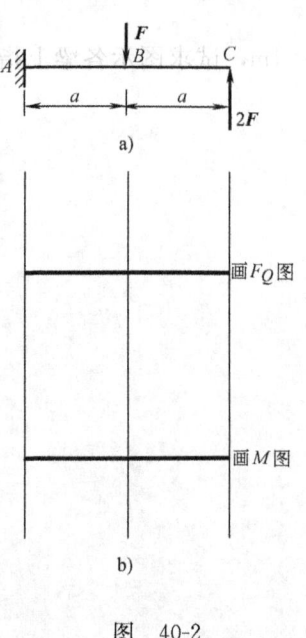

图 40-2

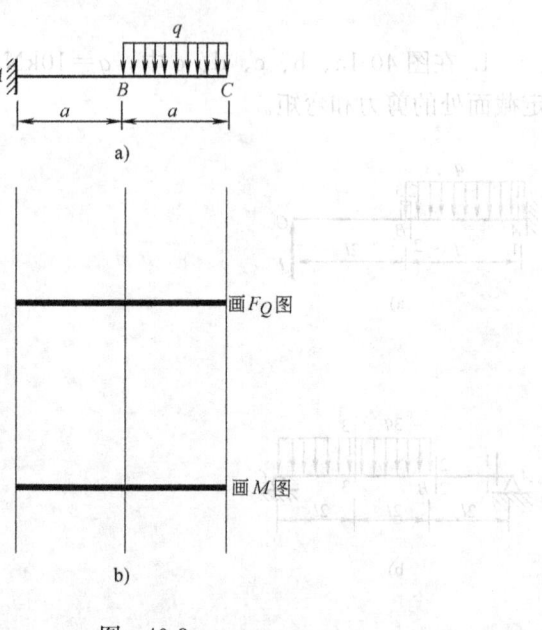

图 40-3

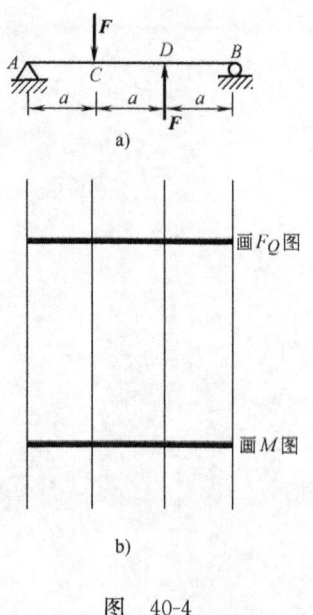

图 40-4

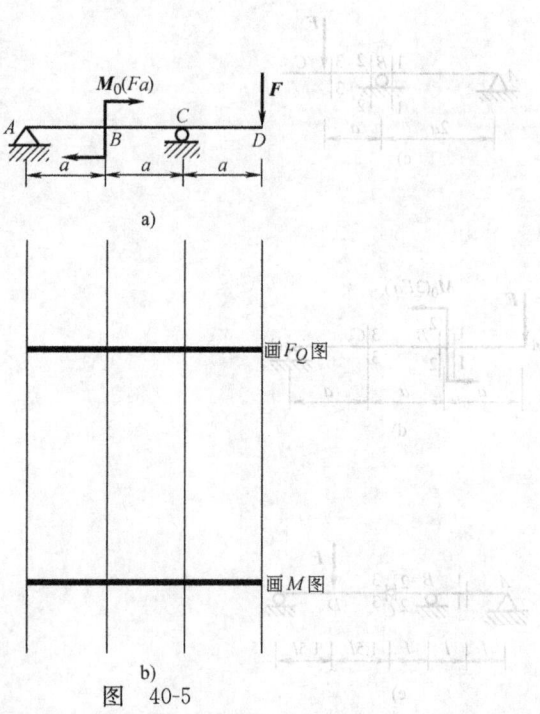

图 40-5

41. 弯曲内力作业（2）

1. 根据 $q(x)$、$F_Q(x)$、$M(x)$ 三者的微积分关系，试作如图 41-1、图 41-2、图 41-3、图 41-4 所示各梁的剪力图和弯矩图。在图 41-4 中，$q=4\text{kN/m}$，$F=8\text{kN}$，$M=4\text{kN·m}$，$l=1.5\text{m}$。

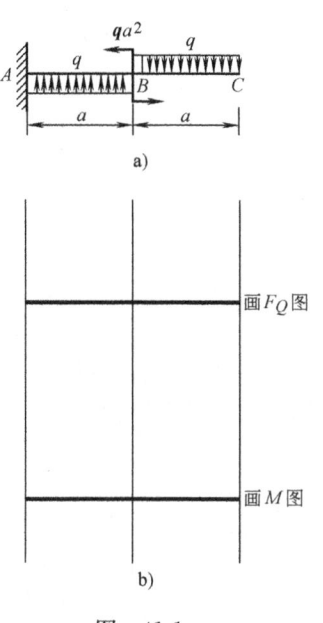

图 41-1

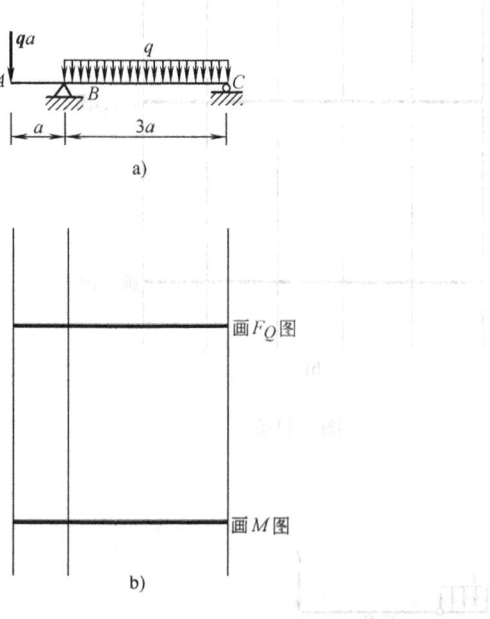

图 41-2

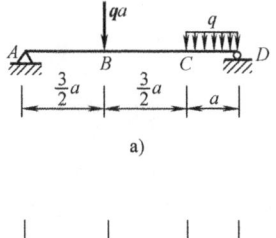

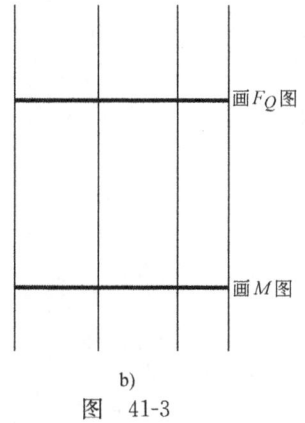

图 41-3

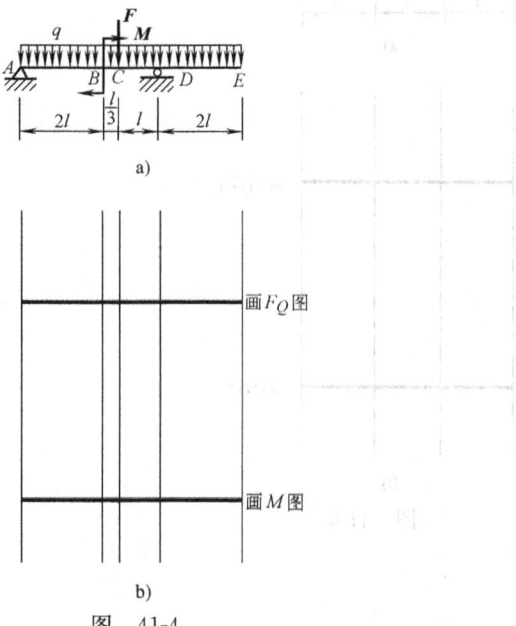

图 41-4

2. 试作图 41-5、图 41-6 所示各梁的剪力图和弯矩图，已知 $M_0 = Fa$，$F = qa$。

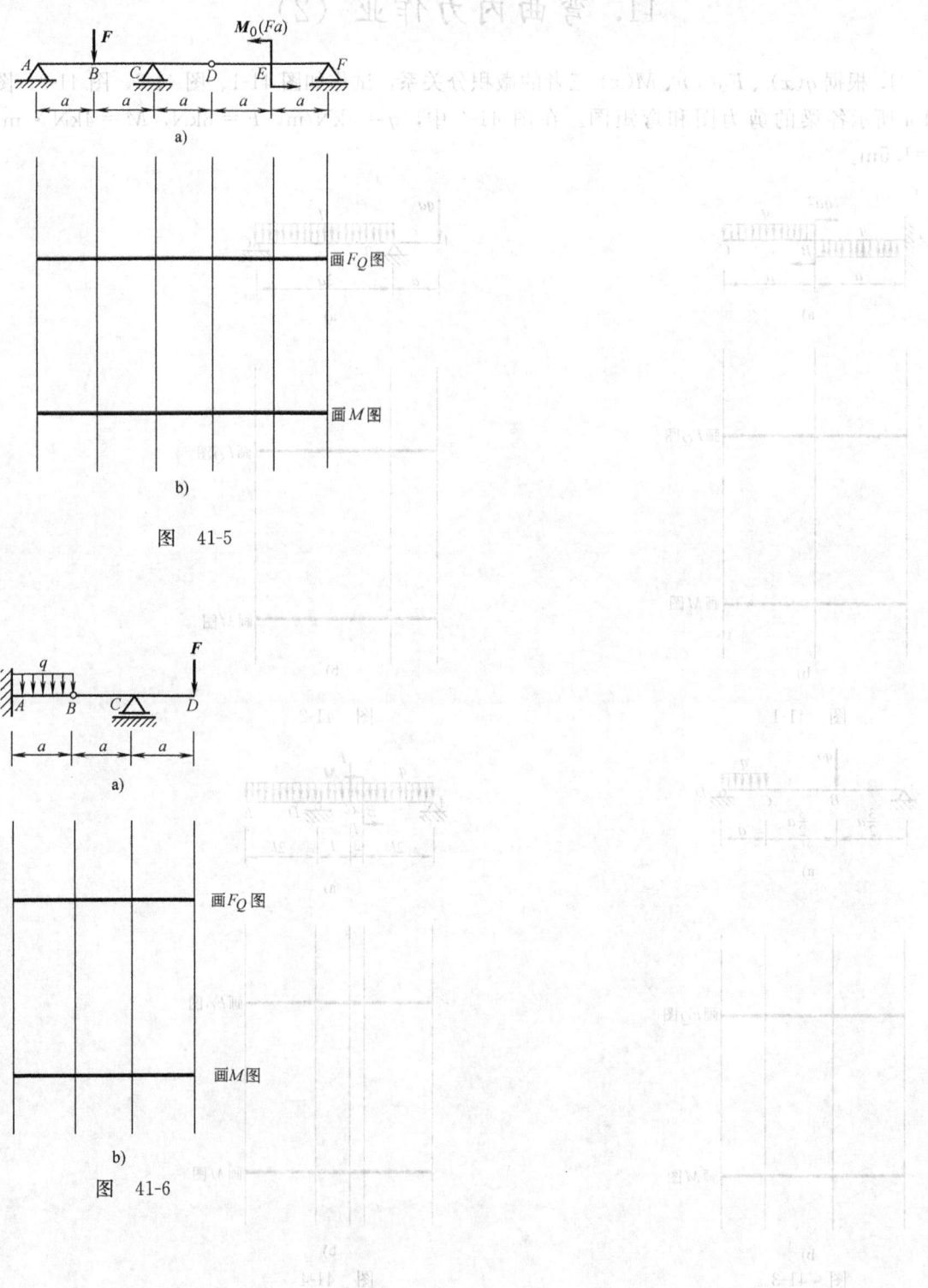

图 41-5

图 41-6

42. 弯曲内力作业（3）

1. 试用叠加法作图 42-1、图 42-2 所示各梁的弯矩图。在图 42-2 中，$q=2\text{kN/m}$，$M=4\text{kN·m}$，$l=2\text{m}$。

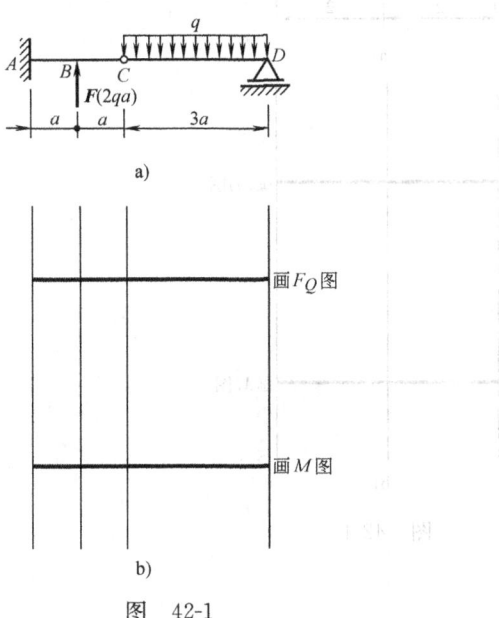

图 42-1

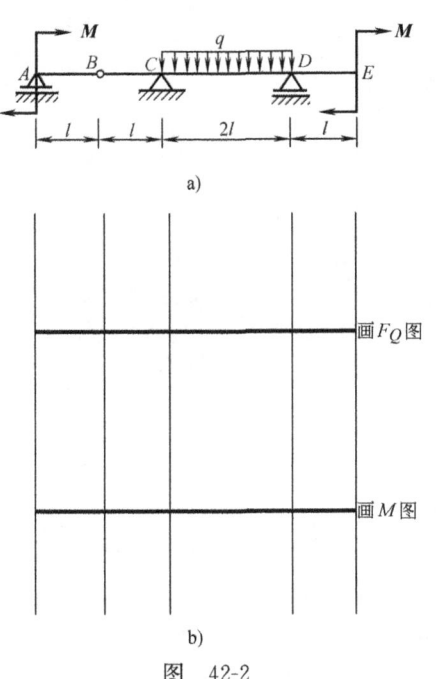

图 42-2

2. 试用叠加法作图 42-3、图 42-4、图 42-5 所示各梁的剪力图和弯矩图。

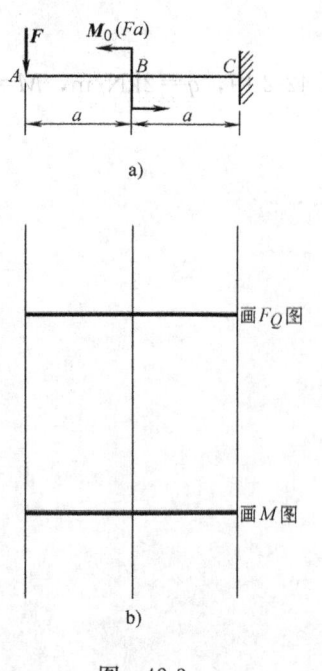

图 42-3

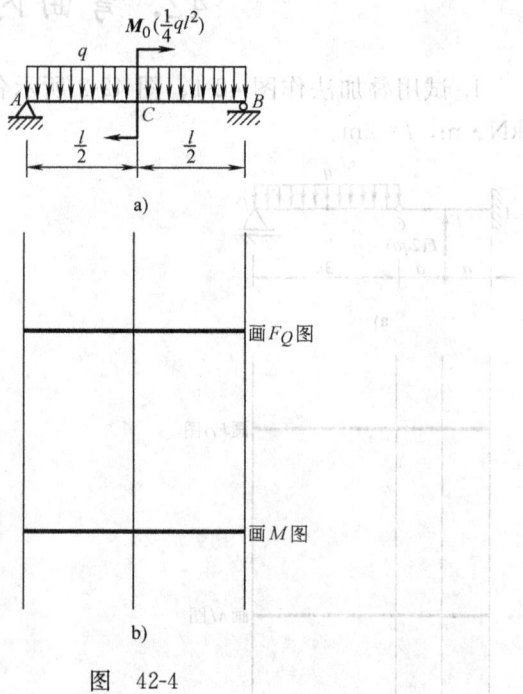

图 42-4

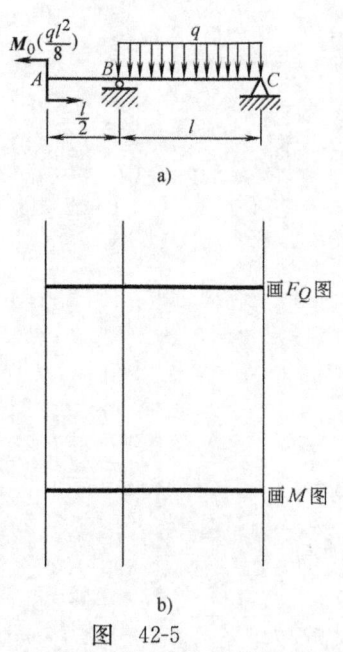

图 42-5

3. 根据弯矩、剪力和载荷集度间的微分关系改正图 42-6、图 42-7 所示梁剪力图和弯矩图的错误。

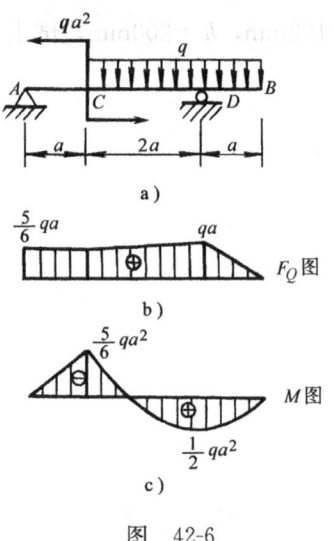

图 42-6

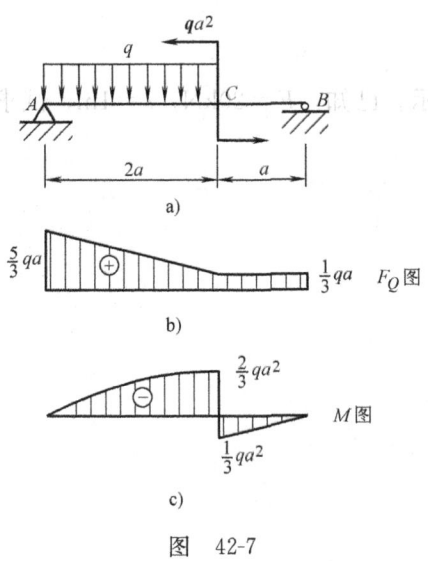

图 42-7

43. 弯曲应力作业（1）

1. 简支梁受力如图 43-1 所示。已知：$F=30\text{kN}$，$l=1\text{m}$，$b=120\text{mm}$，$h=200\text{mm}$，试求 1—1 截面上 A、B 两点处的正应力。

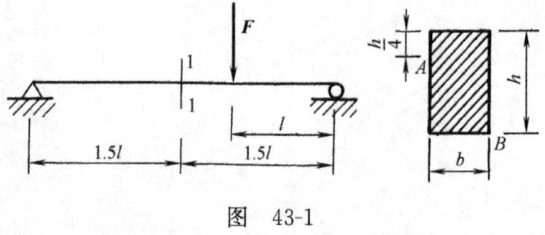

图 43-1

2. 截面为 32a 号工字钢的外伸梁受力如图 43-2 所示。已知：$F=20\text{kN}$，$l=1\text{m}$，试求 1—1 截面上 A、B、C、D 四点处的正应力。

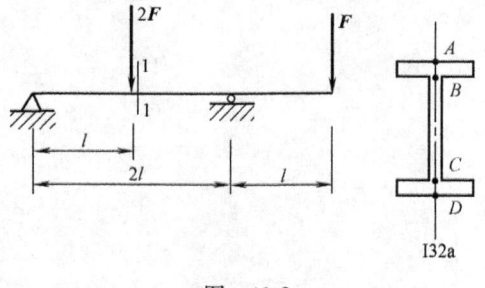

图 43-2

3. 简支梁受力如图 43-3 所示。材料为 20a 号工字钢，许用应力 $[\sigma]=160\text{MPa}$，$l=2\text{m}$，试求许用载荷 $[F]$。

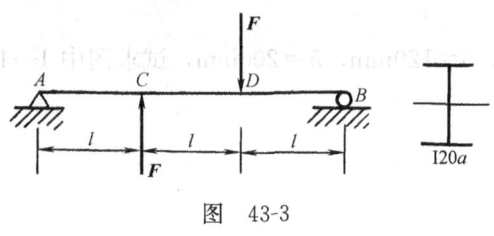

图 43-3

4. 矩形截面悬臂梁受力如图 43-4 所示。已知：$l=4\text{m}$，$\dfrac{b}{h}=\dfrac{2}{3}$，$q=10\text{kN/m}$，$[\sigma]=10\text{MPa}$，试确定梁的截面尺寸。

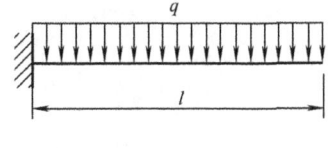

图 43-4

44. 弯曲应力作业（2）

1. 在图 44-1 所示梁中，已知 $F=30$kN，$l=1$m，$b=120$mm，$h=200$mm，试求图中 1—1 截面上 A、B 两点切应力。

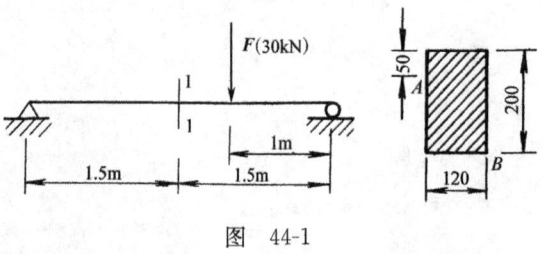

图 44-1

2. 梁的截面形状如图 44-2 所示。已知截面上铅直方向的剪力 $F_Q=120$kN，$b=120$mm，$h=180$mm，$t=20$mm，试画出切应力沿截面高度的分布图。

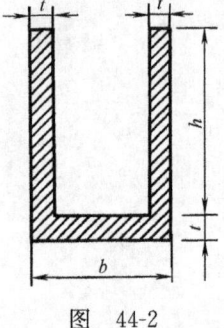

图 44-2

3. 在图 44-3 所示的梁中，$q=6\text{kN/m}$，$l_1=2\text{m}$，$l_2=5\text{m}$，截面的 $b_1=160\text{mm}$，$h_1=240\text{mm}$，$b_2=80\text{mm}$，$h_2=100\text{mm}$，$t=40\text{mm}$，试作如图所示梁内危险截面上的正应力及切应力的分布图。

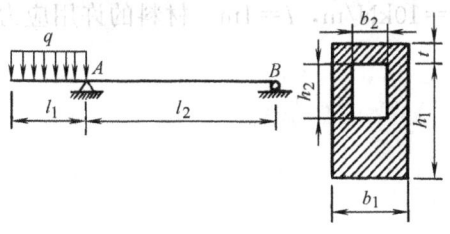

图 44-3

4. 外伸梁受力如图 44-4 所示。已知：$q=1.3\text{kN/m}$，$l_1=3\text{m}$，$l_2=4.25\text{m}$；截面高 $h=120\text{mm}$，宽 $b=60\text{mm}$。材料为木材，其许用应力 $[\sigma]=10\text{MPa}$，$[\tau]=2\text{MPa}$，试校核梁的正应力强度和切应力强度。

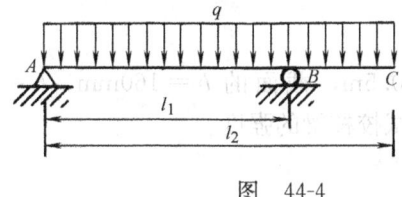 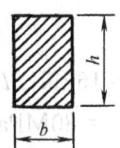

图 44-4

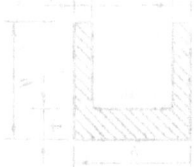 

45. 弯曲应力作业（3）

1. 一木梁受力如图 45-1 所示。已知：$F=20\text{kN}$，$q=10\text{kN/m}$，$l=1\text{m}$。材料的许用应力 $[\sigma]=10\text{MPa}$，试按如下三种截面形状设计截面的尺寸。

   (1) 高、宽之比为 $\dfrac{h}{b}=2$ 的矩形；
   (2) 边长为 a 的正方形；
   (3) 直径为 d 的圆形；
   (4) 比较上述三种截面形状梁的材料用量。

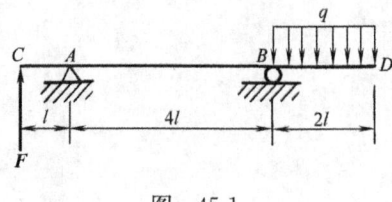

图 45-1

2. 某梁受力如图 45-2 所示。已知：$F=16\text{kN}$，$l=0.5\text{m}$，截面的 $b=160\text{mm}$，$h=200\text{mm}$，$t=10\text{mm}$，材料的 $[\sigma_t]=40\text{MPa}$，$[\sigma_c]=80\text{MPa}$，试校核梁的强度。

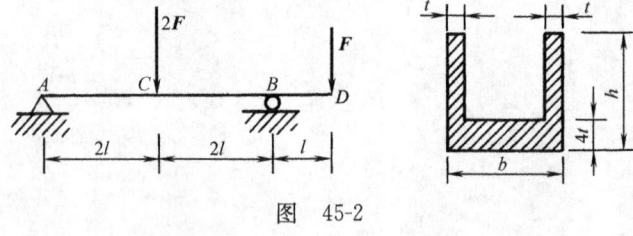

图 45-2

3. 某梁受力如图 45-3 所示。已知：$F=40\text{kN}$，$q=20\text{kN/m}$，$M=20\text{kN}\cdot\text{m}$，$l=0.2\text{m}$。若 $[\sigma]=160\text{MPa}$，$[\tau]=100\text{MPa}$，试为图示梁选定工字钢型号。

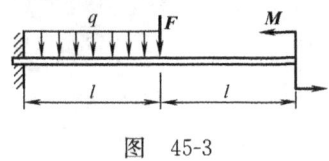

图 45-3

4. 两根截面尺寸为 $b=20\text{cm}$、$h=20\text{cm}$ 的木梁互相重叠，左端固定，右端自由。受集中力 $F=15\text{kN}$，如图 45-4 所示，$l=4\text{m}$，试求：

(1) 两根梁连接成整体时，梁接缝上的切应力 τ 及剪力 F_Q 等于多少？

(2) 若两根梁用螺栓连接，螺栓的许用切应力 $[\tau]=80\text{MPa}$。试求螺栓的截面积 A。

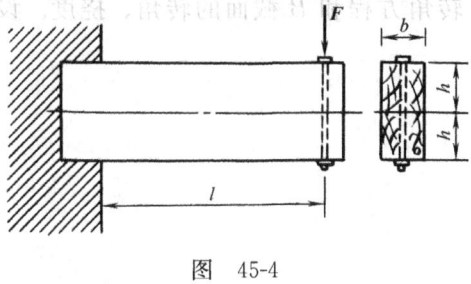

图 45-4

46. 弯曲变形作业（1）

1. 试用积分法求如图 46-1 所示梁的：
   (1) 挠曲线方程，并绘出挠曲线的大致形状；
   (2) 截面 A 处的挠度和截面 B 处的转角。（EI 为已知）

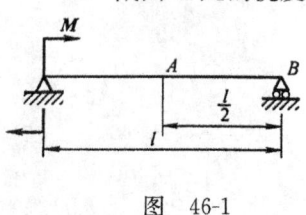

图 46-1

2. 用积分法求图 46-2 所示各梁的挠曲线方程、转角方程和 B 截面的转角、挠度。设 $EI =$ 常数。

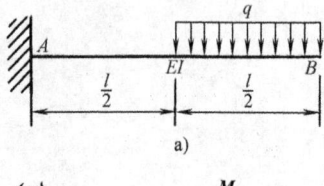

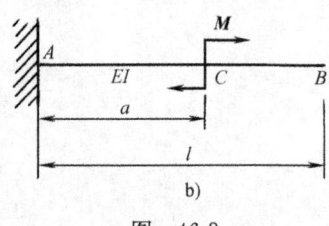

图 46-2

3. 试用积分法求图 46-3 中截面 A 处的挠度和转角，设 $EI=$ 常数。

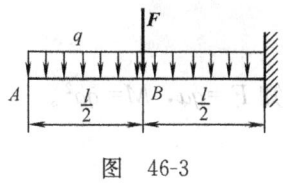

图 46-3

4. 外伸梁受力如图 46-4 所示，试用积分法求 θ_A、θ_B 及 y_D、y_C。设 $EI=$ 常数。

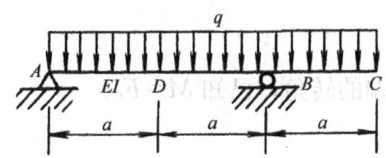

图 46-4

47. 弯曲变形作业（2）

1. 试用叠加法计算如图 47-1 所示悬臂梁自由端的挠度和转角。已知 $F=qa$，$M=qa^2$。

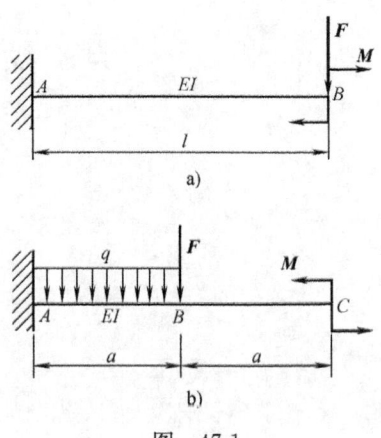

图 47-1

2. 试用叠加法求如图 47-2 所示简支梁 C 截面的挠度和两端的转角，已知 $M=Fl$。

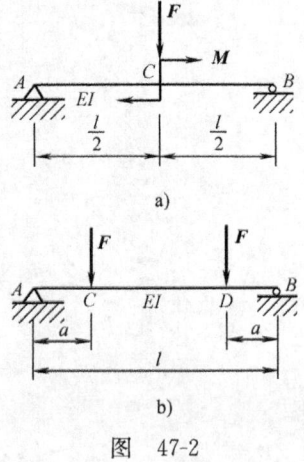

图 47-2

3. 试用叠加法求如图 47-3 所示外伸梁自由端的挠度和转角，已知 $F=qa$。

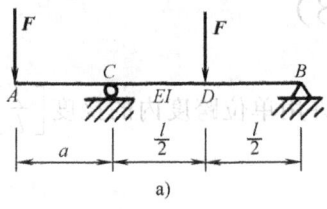

a)

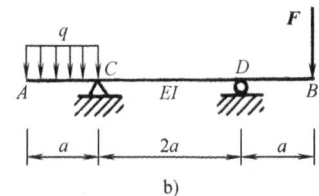

b)

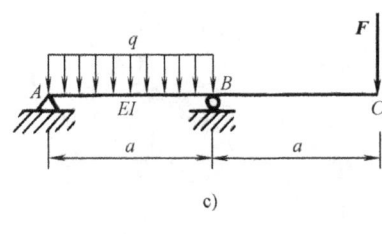

c)

图 47-3

4. 如图 47-4 所示梁 AB 的右端由拉杆 BC 支承。已知：$q=4\text{kN/m}$，$l=2\text{m}$，$h=3\text{m}$，梁的截面为边长 $b=200\text{mm}$ 的正方形，材料的弹性模量 $E_1=10\text{GPa}$；拉杆的横截面面积 $A=250\text{mm}^2$，材料的弹性模量 $E_2=200\text{GPa}$。试求拉杆的伸长 Δl 及梁的中点在竖直方向的位移 δ。

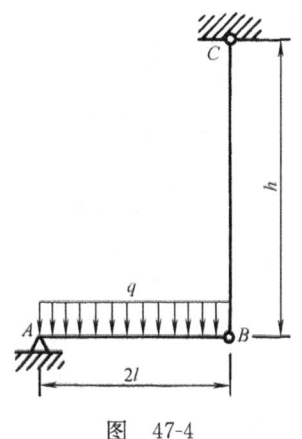

图 47-4

48. 弯曲变形作业（3）

1. 悬臂梁如图 48-1 所示。已知 $q=10\text{kN/m}$，$l=3\text{m}$。若许用单位跨度内的挠度 $\left[\dfrac{f}{l}\right]=\dfrac{1}{250}$，$[\sigma]=120\text{MPa}$，$E=200\text{GPa}$，$h=2b$。试确定截面的尺寸。

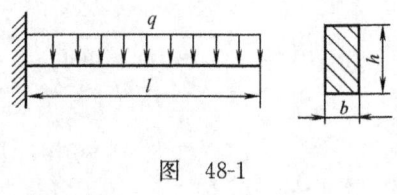

图 48-1

2. 45a 号工字钢制成的简支梁，承受沿梁长均匀分布的载荷 q，梁长 $l=10\text{m}$，弹性模量 $E=200\text{GPa}$。要求梁的最大挠度不得超过 $\dfrac{l}{600}$。试求该梁许用承受的最大均布载荷 $[q]$ 及此时梁内最大正应力的数值。

3. 如图 48-2 所示长度均为 l 的双跨度梁 ABC 受均布载荷 q 作用。试绘出此梁的剪力图和弯矩图。设 EI 为常数。

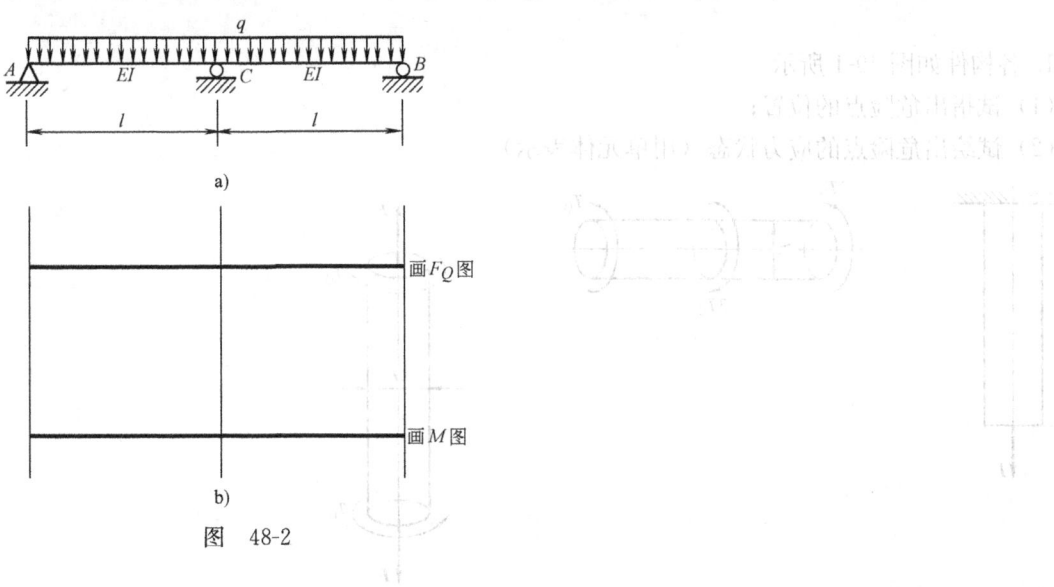

图 48-2

4. 试绘出图 48-3 所示两梁的剪力图和弯矩，已知 EI（常数）、力 F 和长度 a。

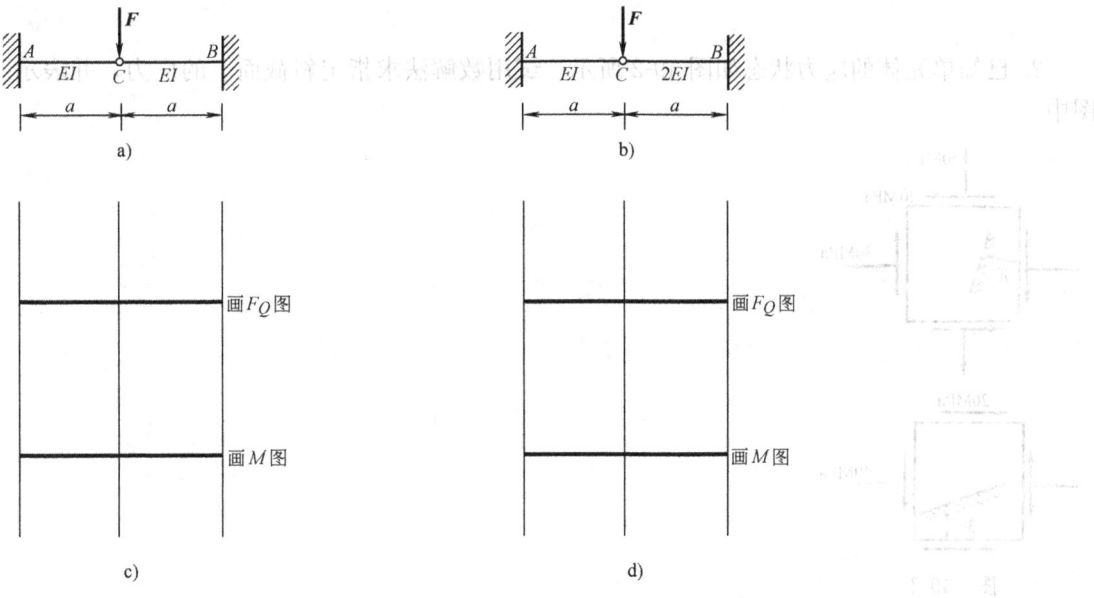

图 48-3

49. 平面应力状态分析作业（1）

1. 各构件如图 49-1 所示。
   (1) 试指出危险点的位置；
   (2) 试绘出危险点的应力状态（用单元体表示）。

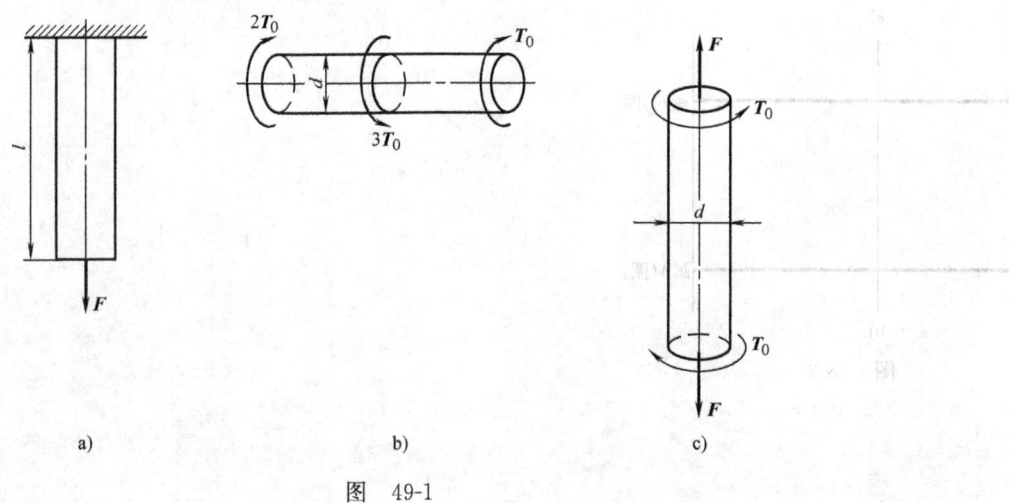

图 49-1

2. 已知单元体的应力状态如图 49-2 所示。试用数解法求指定斜截面上的应力，并表示于图中。

图 49-2

3. 已知单元体的应力状态如图 49-3 所示。图中应力单位均为 MPa，试用数解法求：
(1) 指定斜截面上的应力，并表示于图中；
(2) 主应力大小及方向，并画出主应力单元体；
(3) 最大切应力及其作用面。

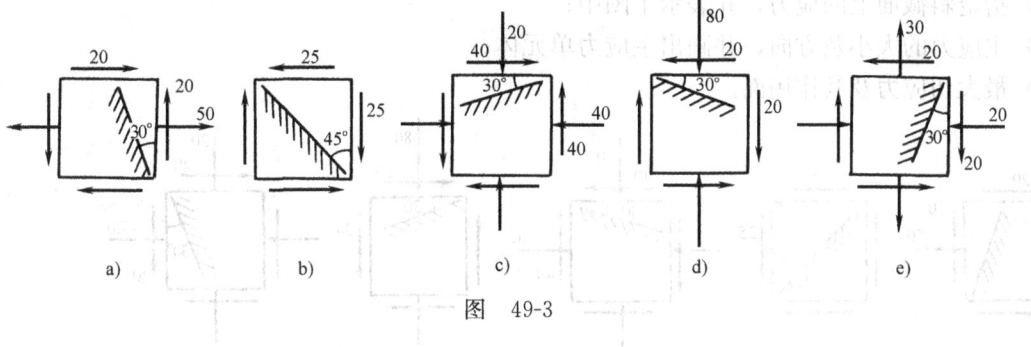

图 49-3

4. 已知图 49-4 中矩形截面梁的某截面上的剪力 $F_Q=120\text{kN}$，弯矩 $M=10\text{kN}\cdot\text{m}$，截面的 $b=6\text{cm}$、$h=10\text{cm}$。试绘出表示点 1、2、3、4 应力状态的单元体，并求各点的主应力。

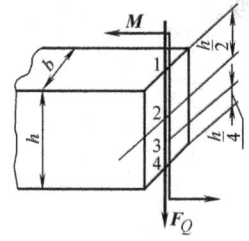

图 49-4

50. 平面应力状态分析作业 (2)

1. 试用图解法求图 50-1 所示的单元体中：
(1) 指定斜截面上的应力，并表示于图中；
(2) 主应力的大小及方向，并画出主应力单元体；
(3) 最大切应力及其作用面。

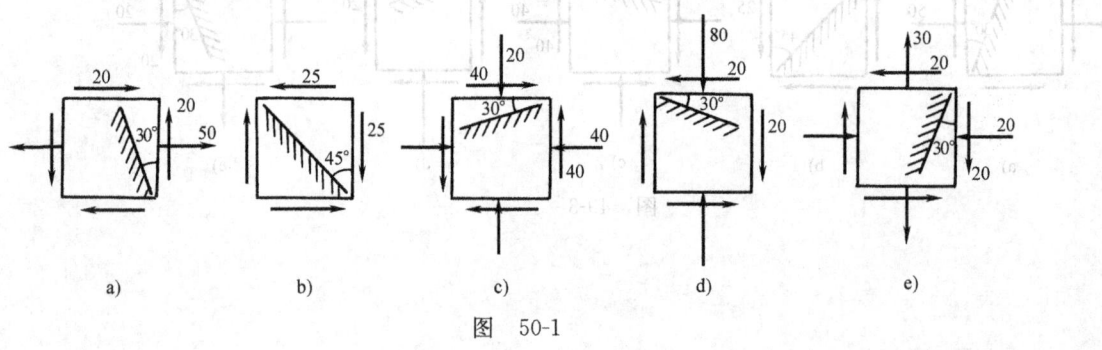

图 50-1

2. 如图 50-2 所示，大小为 $T_0=2.5\text{kN}\cdot\text{m}$ 的扭矩作用在 $D=60\text{mm}$ 的钢轴上。$E=200\text{GPa}$，$v=0.25$。试求圆轴表面上任一点与母线成 $\alpha=30°$ 方向上的正应变。

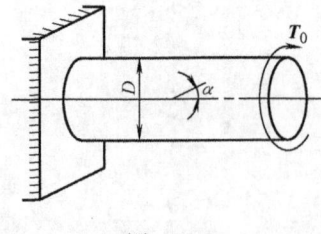

图 50-2

3. 图 50-3 所示的钢杆，截面为 $d=20\text{mm}$ 的圆形。其弹性模量 $E=200\text{GPa}$，泊松比 $\nu=0.3$。现从钢杆 A 点处与轴线成 $30°$ 方向测得线应变为 $\varepsilon_{30°}=540\times10^{-6}$，试求拉力的值 F。

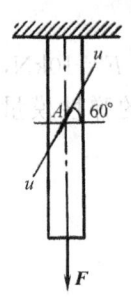

图 50-3

4. 由 25b 工字钢制成的简支梁，受力如图 50-4 所示。已知：$F=200\text{kN}$，$q=10\text{kN/m}$，$l=2\text{m}$；材料的 $[\sigma]=120\text{MPa}$，$[\tau]=100\text{MPa}$，试对梁作全面的强度校核。

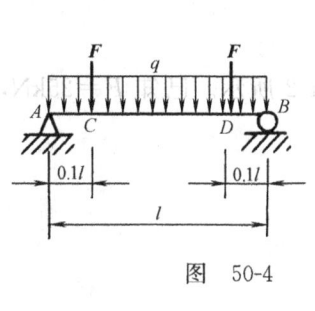 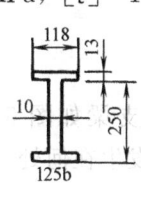

图 50-4

51. 组合变形作业（1）

1. 矩形截面的简支梁如图 51-1 所示，在跨中央受一个集中力 F 作用。已知：$F=10$kN，$l=1.5$m，$b=150$mm，$h=200$mm。与形心主轴 y 形成 $\varphi=15°$ 的夹角，设木材的弹性模量 $E=10^4$MPa，试求：(1) 跨中截面上正应力的分布图；(2) 跨中截面的挠度。

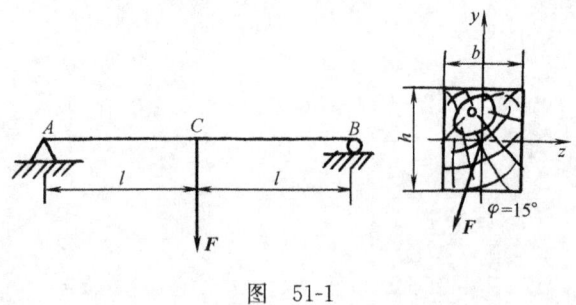

图 51-1

2. 由 $200\times200\times20$ (mm) 的等边角钢制成的简支梁如图 51-2 所示。已知 $F=25$kN，$l=2$m。试求梁内最大拉应力和最大压应力，并说明各发生在何处。

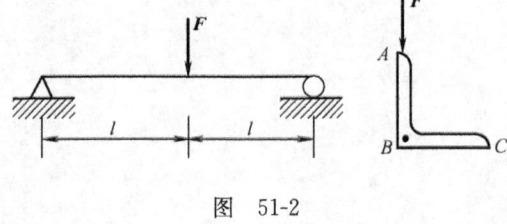

图 51-2

3. 试计算如图 51-3 所示杆件中阴影截面上 A、B、C、D 四点处的正应力。已知：$l=1$m，$F=10$kN，截面的宽度 $b=60$mm，截面的高度 $h=120$ mm。

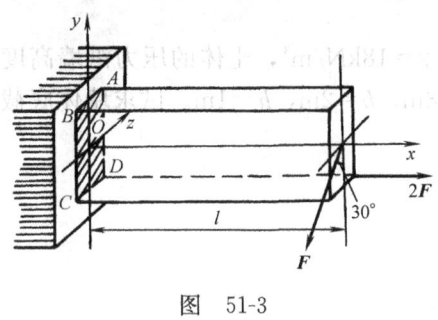

图 51-3

4. 如图 51-4 所示，横截面为 $50\times250\text{mm}^2$ 的矩形截面钢杆，受拉后测得左右边缘的纵向线应变分别为：$\varepsilon_{左}=100\times10^{-6}$，$\varepsilon_{右}=400\times10^{-6}$。已知材料的弹性模量 $E=200$GPa。试求：
(1) 偏心力 F；
(2) 偏心距 e。

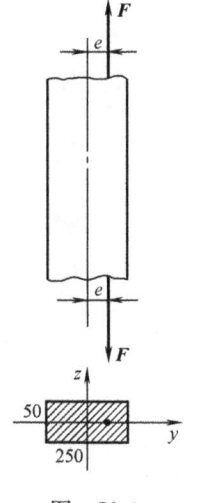

图 51-4

52. 组合变形作业（2）

1. 挡土墙截面如图 52-1 所示，墙体单位体积的重量 $\gamma=18\mathrm{kN/m^3}$，土体的压力沿墙高度按线形规律分布，在墙根处 $q_{max}=15\mathrm{kN/m}$。已知：$a=0.8\mathrm{m}$，$b=2\mathrm{m}$，$h=1\mathrm{m}$。试求墙体底截面的最大和最小压应力。

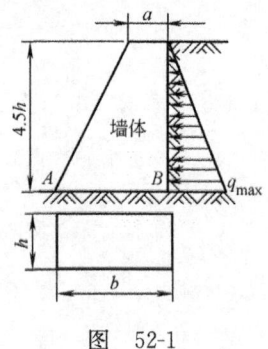

图 52-1

2. 如图 52-2 所示，铁道路标圆形信号板，安装在外径 $d=60\mathrm{mm}$ 的空心圆杆上。已知：$D=0.5\mathrm{m}$，$b=0.6\mathrm{m}$，$h=0.8\mathrm{m}$。信号板所受的最大风载 $p=2\mathrm{kN/m^2}$。材料的许用应力 $[\sigma]=60\mathrm{MPa}$。试按第三强度理论选择空心圆杆的厚度。

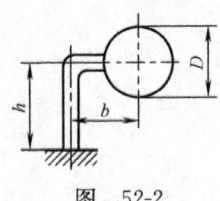

图 52-2

3. 如图 52-3 所示，一钢制实心圆轴，轴上的齿轮 C 上作用有铅垂切向力 $F_1=5$kN；径向力 $F_2=1.82$kN；齿轮 D 上作用有水平切向力 $F_4=10$kN，径向力 $F_3=3.64$kN。$l=300$mm，齿轮 C 的直径 $d_C=400$mm，齿轮 D 的直径 $d_D=200$mm。设材料的许用应力 $[\sigma]=100$MPa，试按第四强度理论求轴的直径。

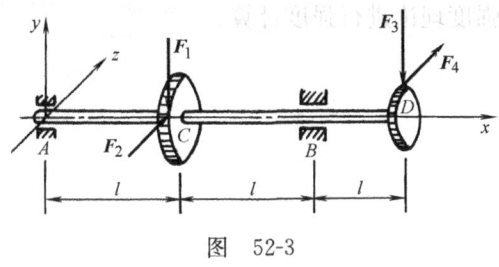

图 52-3

4. 直径 $d=30$mm 的圆轴，承受扭转力偶矩 T 和水平面内的力偶矩 M 的联合作用，如图 52-4 所示。为了测定 T 与 M 之值，在圆轴表面沿轴线方向及与轴线成 45°方向上进行应变测试，现测得应变值分别为 $\varepsilon_{0°}=500\times 10^{-6}$，$\varepsilon_{45°}=426\times 10^{-6}$，试求 T 和 M。已知，材料的 $E=210$GPa，$\nu=0.28$。

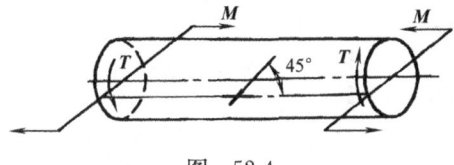

图 52-4

53. 组合变形、压杆稳定作业

1. 某圆轴受力如图 53-1 所示。已知：$F_1=100$kN，$F_2=90$kN，$l=1$m，圆轴的直径 $D=100$mm，材料的许用应力 $[\sigma]=160$MPa。试按第三强度理论进行强度计算。

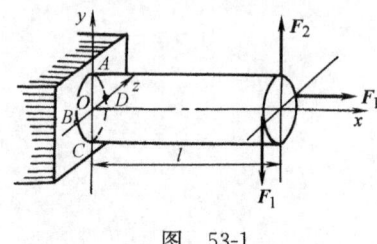

图 53-1

2. 两端铰支的压杆，长 $l=5$m，截面为 22a 工字钢。材料的比例极限 $\sigma_p=200$MPa，$E=2\times10^5$MPa。试求此压杆的临界力。

3. 如图 53-2 所示各杆材料和截面均相同，且均属细长杆。试问杆能承受的压力哪一根最大？哪一根最小？

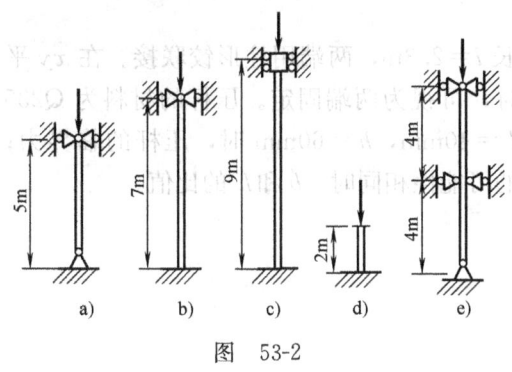

图 53-2

4. 有两根长度、横截面面积、杆端约束和材料均相同的细长压杆，一根的横截面为圆形，另一根为正方形。试求圆杆和方杆的临界力之比。

54. 压杆稳定作业（1）

1. 如图 54-1 所示，截面为矩形 $b \times h$ 的压杆，长 $l=2.3\text{m}$，两端用柱形铰联接。在 xy 平面内弯曲时，可视为两端铰支，在 xz 平面内弯曲时，可视为两端固定。压杆的材料为 Q235 钢，$E=200\text{GPa}$，$\sigma_p=200\text{MPa}$，试求：（1）当 $b=40\text{mm}$，$h=60\text{mm}$ 时，压杆的临界力；（2）欲使压杆在两个平面（xy 和 xz 平面）内失稳的可能性相同时，b 和 h 的比值。

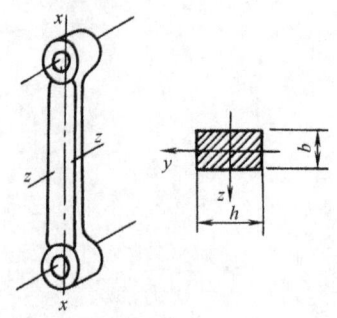

图 54-1

2. 由五根直径为 $d=50\text{mm}$ 的圆钢杆组成正方形结构，如图 54-2 所示，结构联接处均为光滑铰链，正方形边长 $a=1\text{m}$，材料为 Q235 钢，试求结构的临界载荷值。

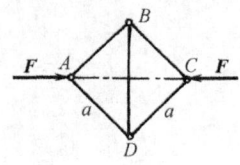

图 54-2

3. 简易起重架由两圆钢杆组成，如图 54-3 所示。已知 $l=0.6$m，杆 AB 的直径 $d_1=30$mm，杆 AC 的直径 $d_2=20$mm，两材料均为 Q235 钢，$E=200$GPa，$\sigma_p=240$MPa，$\lambda_0=60$，$\lambda_p=100$，规定强度安全系数 $n=2$，稳定安全系数 $[n_w]=3$，试确定起重机的最大起重量 F。

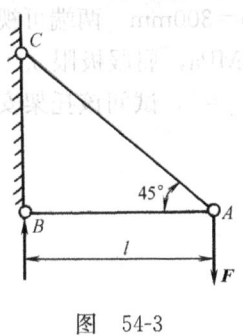

图 54-3

4. 在图 54-4 所示的结构中，AB 为圆形截面，直径 $d=80$mm，A 端固定，B 端铰支。BC 为正方形截面的杆，边长 $a=70$mm，C 端亦为铰支。AB 杆及 BC 杆可以各自独立发生弯曲变形，两杆的材料均为 Q235 钢，$E=200$GPa，$l=3$m，规定稳定安全系数 $[n_w]=2.5$。试求此结构的许用载荷 $[F]$。

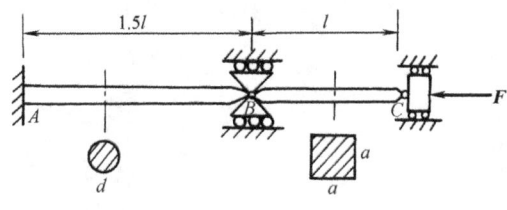

图 54-4

55. 压杆稳定作业（2）

1. 如图 55-1 所示，托架中杆 AB 的直径 $d=40\text{mm}$，长 $l=800\text{mm}$，$b=300\text{mm}$，两端可视为铰支，材料为 Q235 钢，弹性模量 $E=2\times10^5\text{MPa}$，比例极限 $\sigma_p=200\text{MPa}$，屈服极限 $\sigma_s=240\text{MPa}$。若已知工作载荷 $F=70\text{kN}$，并要求杆 AB 的稳定安全系数 $[n_w]=2$，试问该托架安全否？

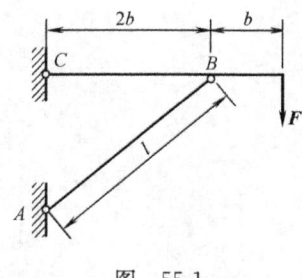

图 55-1

2. 在图 55-2 所示结构中杆 AD 为铸铁圆杆，直径 $d_1=60\text{mm}$，已知：$l=1.5\text{m}$，$[\sigma_-]=120\text{MPa}$，杆 BC 为钢圆杆，直径 $d_2=10\text{mm}$，材料为 Q235 钢，$[\sigma]=160\text{MPa}$。如各支承处均为铰接，试求许用分布载荷 q。

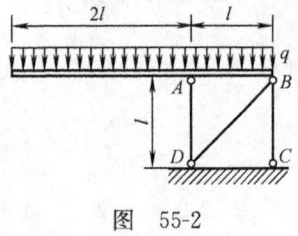

图 55-2

3. 图 55-3 所示的简单构架受均布载荷 $q=50\text{kN/m}$，撑杆 AB 为圆截面木柱，材料的 $[\sigma]=11\text{MPa}$。已知：$l=0.8\text{m}$，$h=1.8\text{m}$。试设计 AB 杆的直径。

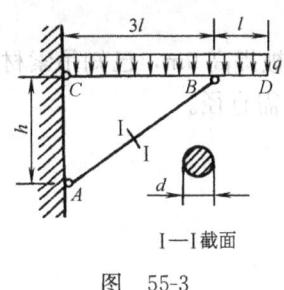

图 55-3

4. 如图 55-4 所示，刚性杆 AB，在 C 点处由 Q235 钢制成的杆①支持。已知杆①的直径 $d=50\text{mm}$，$l=3\text{m}$，$\sigma_p=200\text{MPa}$，$E=200\text{GPa}$，试问：（1）A 处能施加的最大载荷 F 为多少？（2）若在 D 处再加一根与杆①条件相同的杆②，则 A 处能施加的最大载荷 F 又为多少？

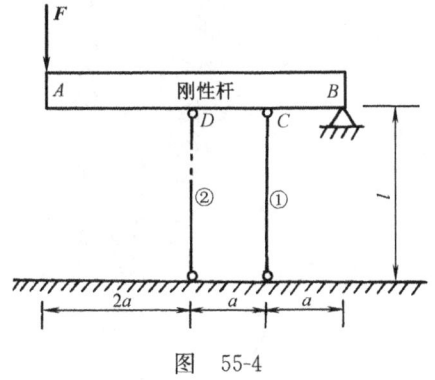

图 55-4

56. 动载荷作业（1）

1. 长 60m 的吊索以等加速度起吊 $P=50$kN 的重物，在 3s 内重物被提高 9m，已知吊索材料的单位体积的重量 $\gamma=70$kN/m^2，许用应力 $[\sigma]=60$MPa，求吊索所需直径。

2. 一根矩形截面（$b\times h$）的钢杆，在两端分别受轴向拉力 F_1 和 F_2 的作用，如图 56-1 所示。当 $F_2>F_1$ 时，试问此杆件内的正应力按怎样的规律沿杆长变化？设 $F_1=150$kN，$F_2=250$kN，$b=50$mm，$h=100$mm，试求杆中的最大正应力和最小正应力。

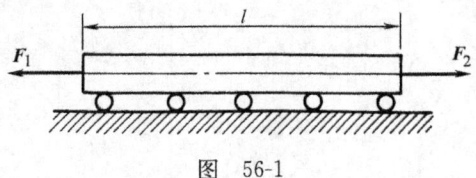

图 56-1

3. 如图 56-2 所示，一圆轴 AB 上装有两个偏心载荷，分别作用在跨长的三等分点处，设轴以等角速度 ω 旋转。

(1) 试绘轴的内力图；

(2) 若杆 CD、JK 材料的许用应力 $[\sigma]$ 为已知，截面积为 A，试根据杆件的强度条件确定所容许的最大角速度 ω_{max}。

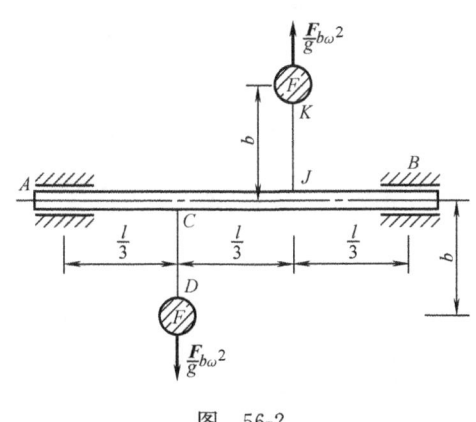

图 56-2

4. 如图 56-3 所示，直径 $d=300$mm、$l=6$m 的圆木桩，下端固定，上端受重 $P=5$kN 的重锤作用。木材的 $E_1=100$GPa。试求下列三种情况下，木桩内的最大正应力：

(1) 重锤以静载荷的方式作用于木桩上（图 a）；

(2) 重锤从离桩顶 1m 的高度处自由下落（图 b）；

(3) 在桩顶放置直径为 150mm、厚为 20mm 的橡胶垫，橡胶的弹性模量 $E_2=8$MPa，重锤也是从离桩顶 1m 处自由下落（图 c）。

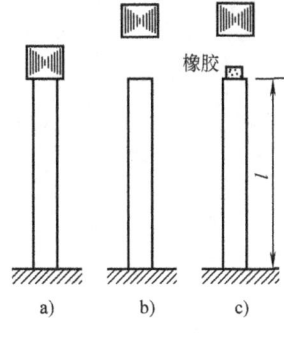

图 56-3

57. 动载荷作业（2）

1. 杆件（如图 57-1 所示）的 EA、l 以及 H、v、P 均为已知，试求动荷系数。

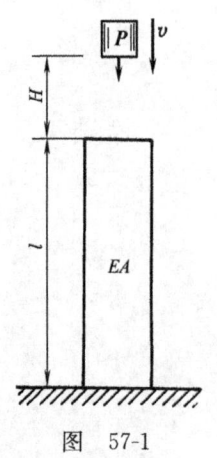

图 57-1

2. 如图 57-2 所示，圆截面杆 AB 的 A 端为固定端，在距 A 端为 a 的 C 点处受重量为 P 的物体沿水平方向冲击，物体与杆接触时的速度为 v，杆的抗弯刚度为 EI，抗弯截面模量为 W，求杆内最大冲击应力和最大冲击位移。

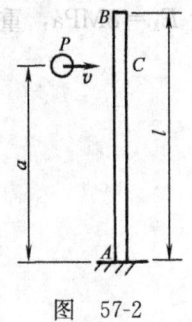

图 57-2

3. 两根长度相等、截面均为 14 号工字钢的简支梁，一根支承在刚性支座上，另一根支承在劲度系数 $k=100$kN/m 的弹簧支座上，如图 57-3 所示。已知 $l=1.5$m，材料的弹性模量 $E=200$GPa，从 $H=50$mm 高度处自由落下冲击到梁的中点顶面上。求两根梁的最大冲击挠度和最大冲击应力。

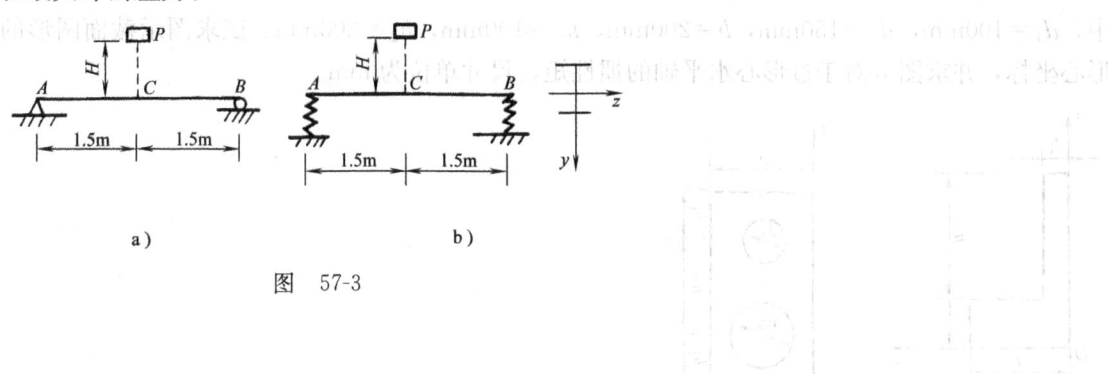

图 57-3

58. 截面图形几何性质作业

1. 如图 58-1 所示，在图 a 中，$t_1=50$mm，$b=200$mm，$t_2=80$mm，$h=200$mm；在图 b 中，$d_1=100$mm，$d_2=150$mm，$b=200$mm，$h_1=100$mm，$h_2=200$mm。试求图示截面图形的形心坐标，并求图 b 对于过形心水平轴的惯性矩，尺寸单位为 mm。

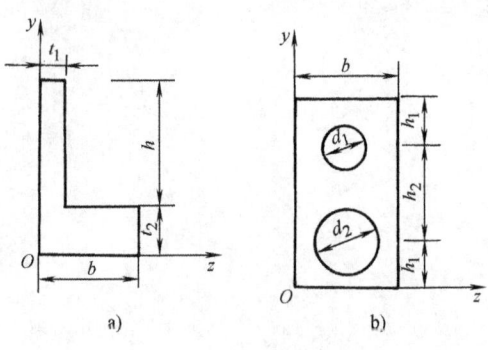

图 58-1

2. 试求如图 58-2 所示的组合截面的形心位置。

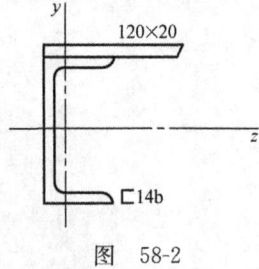

图 58-2

3. 已知图 58-3 所示的半圆形截面对底边的惯矩 $I_{z_1}=\dfrac{\pi}{8}R^4$，轴 z_2 平行于轴 z_1，且相距为 R。试求半圆形截面对轴 z_2 的惯性矩。

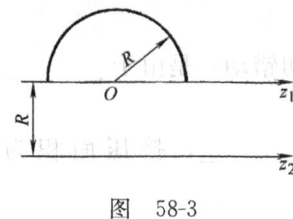

图 58-3

4. 如图 58-4 所示的截面图形由两个相同的等边角钢（100mm×100mm×10mm）组合而成，C 为单个角钢的形心。试求此组合截面的惯性矩 I_x 和 I_y。

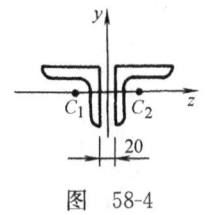

图 58-4

59. 工程力学（二）期末综合练习试卷 A

一、概念题（每题 5 分，共 20 分）

1. 铸铁压缩试件，破坏是在_____截面发生剪切错动，是由于_____引起的。

2. 如图 59-1 所示的木榫接头，其剪切面积为_____，挤压面积为_____，拉断面面积为_____。

3. 按第三强度理论，计算图 59-2 所示单元体的相当应力 $\sigma_c=$_____。

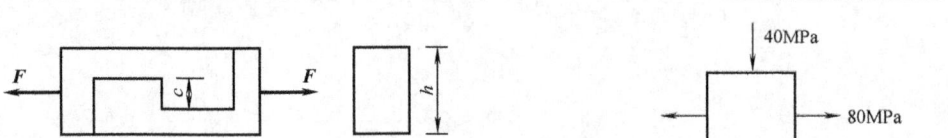

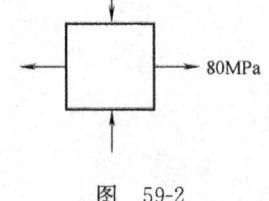

图 59-1　　　　　　　　　　　　　图 59-2

4. 如图 59-3 所示的组合图形，由两个直径相等的圆截面组成，此组合图形对形心主轴 y 的惯性矩 I_y 为_____。

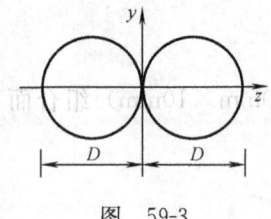

图 59-3

二、计算题（共 80 分）

1. 如图 59-4 所示结构中 BD 为刚性梁，杆 1、2 用同一种材料制成，横截面面积均为 $A=300mm^2$，许用应力 $[\sigma]=160MPa$，载荷 $F=50kN$。试校核杆 1、2 的强度。（16 分）

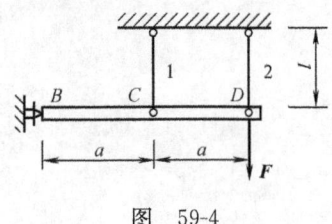

图 59-4

2. 试作图 59-5、图 59-6 所示梁的剪力图和弯矩图。(16 分)

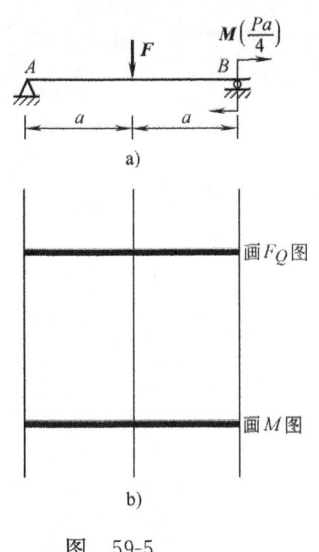

图 59-5

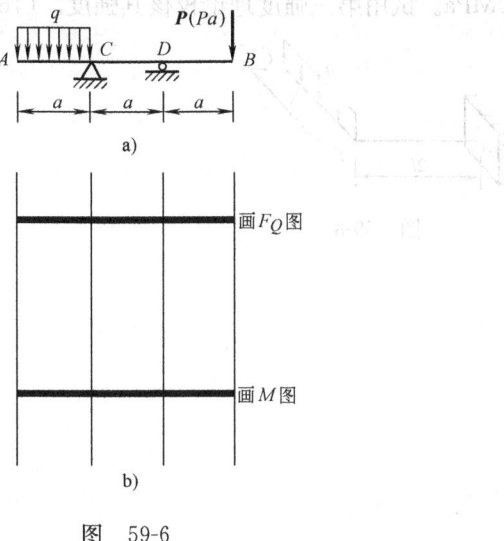

图 59-6

3. 倒置 T 形截面铸铁梁，C 为截面形心，$h=140$mm。在外力作用下的弯矩图如图 59-7 所示。已知材料的 $[\sigma_t]=30$MPa，$[\sigma_c]=60$MPa；$I_z=763\times10^4$mm^4，$y_2=52$mm。试校核其强度。(16 分)

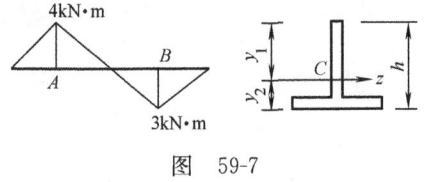

图 59-7

4. 如图 59-8 所示，圆截面水平直角折杆的直径 $d=6$cm，$l=1$m，$q=0.8$kN/m，$[\sigma]=80$MPa。试用第三强度理论校核其强度。（16 分）

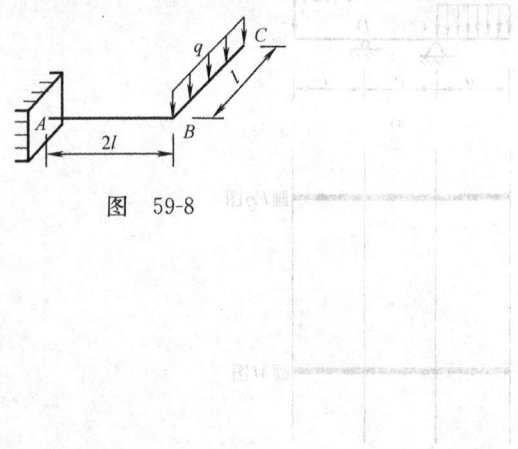

图 59-8

5. 在图 59-9 所示结构中，载荷 F 沿铅直方向作用，已知：$d_1=30$mm，$d_2=50$mm，$l=1$m，各杆材料的 $E=200$GPa，$\lambda_p=100$，$\lambda_s=61.6$，临界应力经验公式 $\sigma_{cr}=304-1.12\lambda$（MPa）。若稳定安全系数 $n_{st}=2.4$，试求结构的许用载荷 $[F]$。（16 分）

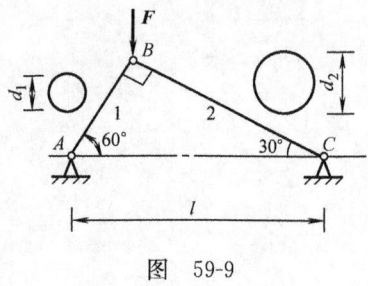

图 59-9

60. 工程力学（二）期末综合练习试卷 B

一、概念题（每题 5 分，共 20 分）

1. 三种材料的应力-应变曲线 a、b、c 如图 60-1 所示。其中强度最高的材料是_____，弹性模量最小的材料是_____，塑性最好的材料是_____。

2. 图 60-2 所示销钉的切应力 $\tau=$_____，挤压应力 $\sigma_c=$_____。

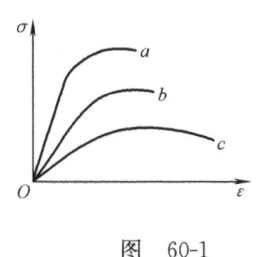

图 60-1

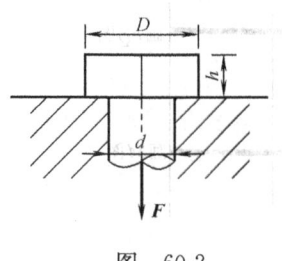

图 60-2

3. A、B 两点的应力状态如图 60-3 所示，已知两点处的主拉应力 σ_t 相同，则点 B 处的 $\tau_{xy}=$_____。

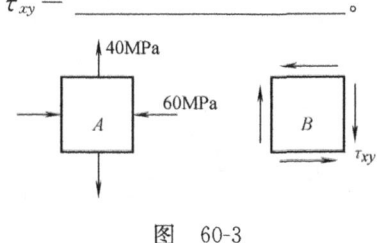

图 60-3

4. 如图 60-4 所示的杆件材料相同、直径相等的细长圆杆中，已知：$l_1=4$m，$l_2=6$m，$l_3=7$m，_____杆能承受压力最大；_____杆能承受压力最小。

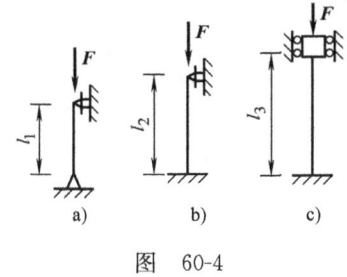

图 60-4

二、计算题（共 80 分）

1. 试作图 60-5 所示梁的剪力图和弯矩图。（16 分）

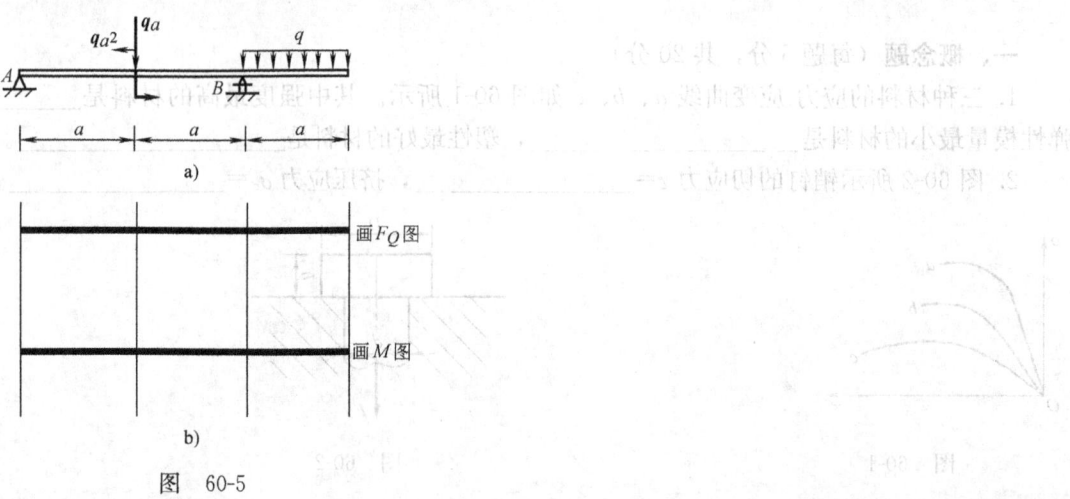

图 60-5

2. 在图 60-6 所示结构中 AB 可视为刚体，1、2 两杆与 AB 垂直，且 EA 相同。已知 $F=120$kN。试求 1、2 两杆的内力。（16 分）

图 60-6

3. 如图 60-7 所示，梁 AB 为 I_{10} 工字钢，其抗弯截面系数 $W=49$cm³，许用应力 $[\sigma]_1=160$MPa。杆 CD 是直径 $d=10$mm 的圆截面钢杆，许用应力 $[\sigma]_2=120$MPa。已知 $l=1$m，试求许用载荷 $[q]$。（16 分）

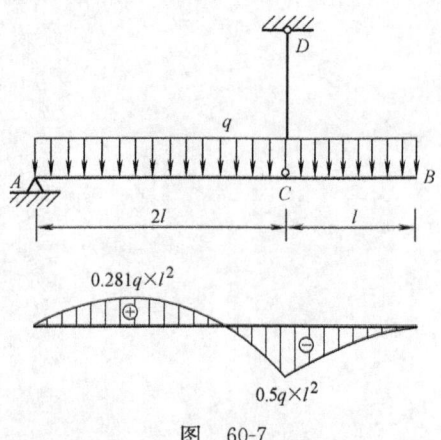

图 60-7

4. 圆轴受力如图 60-8 所示。已知：轴为钢材，$[\sigma]=100\text{MPa}$，$F=8\text{kN}$，$T=3\text{kN}\cdot\text{m}$，$l=0.5\text{m}$。试用第三强度理论求最小轴径 d。(16 分)

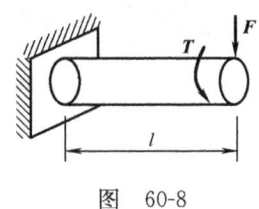

图 60-8

5. 截面为圆形、直径为 d 的两端固定的压杆和截面为正方形、边长为 d 两端铰支的压杆，若两杆都是细长杆且材料及柔度均相同，试求压杆的长度之比以及临界力之比。(16 分)

4. 圆轴受力如图 60-8 所示。已知，轴为钢材，$[\sigma]=100\text{MPa}$，$F=8\text{kN}$，$T=3\text{kN}\cdot\text{m}$，$l=0.5\text{m}$。试用第三强度理论设计轴的直径 d。（16 分）

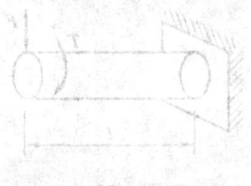

图 60-8

5. 截面图形状、尺寸及其与材料有关的截面惯性矩均为已知。现长为 l 的两端铰支钢柱，若两根柱是相同长度材料及柔度均相同，试比较其临界压力之比以及临界应力之比。（16 分）